彭孟嫻Jessica

戀愛脫單魅力學

從單身到結婚，
找到最適合自己的優質伴侶！

LOVE

目錄

PART 2

告訴你／妳恐婚、拒婚／懼婚的元兇

PART 3

選出極品對象，請淘汰爛男、爛女

PART 4

PART 5

結婚的好處 218

戀愛脫單魅力學

作者：彭孟嫻 Jessica Peng

要「戀愛」，要「脫單」，要有「魅力」就要看這本書：

這是一本什麼樣的書？

這本書，主要是一本戀愛「脫單」教戰書籍，看完這本書，你／妳就不會對愛情失望，也就不會恐婚、不婚，也就能夠感覺戀愛脫單的魅力！

此書是以我之前在加拿大家事法庭諮詢處工作，以及目前在婚姻調解庭工作的實際案例，所總結的「愛情觀」與「婚姻觀」，希望能夠提供給單身男女「如何脫單」的好方法。

婚姻調解庭的內容具有「隱私」與「不公開」的性質，所以當中的個案都加以不同情節改編，強化個案感情分裂的分析重點，而不是描述個案故事之細節。要結婚，首先必須要在結婚前「篩選」與「淘汰」不適合的交往對象。因為「磨合」是屬於婚姻，不屬於婚前戀愛。

單身男女，目前還沒有合適的對象，不是因為你不夠好，而是因為你在愛情中不知道如何展示自己。要知道你就是一個特別的個體，不需要為了任何人而改變自己或者隱藏自己，因為一個人所認為的優點，另一個人可能認為是缺點；一個人的缺點，另一個人也許認為是優點。既然是這樣，要「脫單」你就不需要在單身的階段，對自己有任何質疑。還沒有找到合適的優質對象，不是因為你不夠好，只是時間還沒有到，所以絕對要對自己有信心。

其實，婚姻沒有想像中的可怕！只要在單身階段選擇正確，結婚其實比單身好。因為，好的婚姻能夠讓兩個人在人生的道路互相依靠與扶持。好的婚姻也能夠讓自己在人生的道路有好的情緒出口，因爲好的婚姻，是情緒抒發的窗口，在婚姻中有優質的伴侶，你的人生仍然能夠在婚姻中創造你所要的夢想。其實，並不是有婚姻就等於人生有瓶頸，因為單身生活一樣要面對生活中的考驗。所以，只要有「想結婚」的念頭，就不要去考慮進入婚姻是否會限制自己的發展。

婚姻中會有限制與遺憾，不是因為「婚姻制度」，而是因爲所選擇的「婚姻對象」！

為什麼要結婚？

「為什麼要結婚」這個問題成為很多單身族群的疑問？

對於婚姻，很多人有太多的恐懼與疑惑！我的上一本書《不怕離婚，再說 I DO！》，主要是寫離婚個案與婚姻看法，以及法律知識。但是，很多讀者私訊我，有關結婚的渴望。因為很多單身男女，在強烈渴望結婚的背後，存在著對婚姻生活沒有絕對的信心，會有這樣的想法，就是現今社會離婚率居高不下。

這讓我想到，我之前在輔仁大學法學系演講時，當中的一名法律系女學生問我，**「為什麼要結婚」**，那位年輕的女學生提到：**「她父母的婚姻不幸福，以離婚收場」**。

當時，我感受到女大學生問此問題時的疑惑，也可以感受到該名女大學生對於婚姻的恐懼。確實，現代的單身族群，因為原生家庭婚姻的衝突，導致對「結婚」產生負面印象。因此，在那場演講之後，我一直思索著，單身男女為什麼會對結婚這個議題有如此多的疑慮？明明是很想結婚，但是，卻又如此害怕結婚！

這本書《戀愛脫單魅力學》就是要讓不婚、恐婚一族，能夠**從此不糾結在恐婚的感受。因為，戀愛需要戀愛情商，這本《戀愛脫單魅力學》要與單身男女讀者闡述的不是加強外在魅力，而是要讓你／妳「選對極品伴侶」**。

要知道每一段婚姻都有不同的男女主角，也有不同的姻親配角，所以**別人的婚姻不**

幸福，並不代表你未來的婚姻不幸福。除此之外，離婚率的高低多寡，與你沒有關連，要對自己的戀愛有信心，必須要「有腦去愛」而不是大膽去愛。換句話說，戀愛脫單魅力就是要懂得「篩選」，而不是懂得挑選。因為，帶有條件與標準的選擇，容易讓你錯失所認識的極品對象。然而「篩選」就是從你認識的人之中，淘汰掉不適合的人選，這樣存留下來的就是好的戀愛人選。

我想結婚，首先要確定「想」結婚這個念頭

要結婚，首先需要「想」結婚；要想結婚，首先需要「脫單」！

很多單身的人，都跟我提過：「想結婚」，但是沒有合適的結婚對象。

其實，做任何事，總是要先「想」，才能「行動」！結婚也是一樣，總是要先「想結婚」，才能「尋找」合適對象而結婚！

如果一個「想」結婚的人，卻因為自己沒有找到合適的對象，就更要有找對象的「動力」來脫單，才能有戀愛的機會。

要結婚，不能每天告訴自己：「一個人過生活也很好」！

現代社會，太強調單身的好處。因此，單身的人在找不到對象的情況下，慢慢地就會演變成一種情況，就是告訴自己：「不結婚也很好」。**其實，結婚或不結婚無可厚非，因為單身或結婚，都沒有絕對的好與絕對的不好，最重要的是「追隨你的心」。如果自己心中最深處有「結婚的渴望」，那就千萬不要隱藏自己對於婚姻歸屬的希望。**

在婚姻中，並不是每一對結婚的人都過得很差。事實上，很多結婚的人過得很好。

因此，如果你想結婚，就必須要對婚姻有「正面的想法」。

不要害怕結婚，只要在單身時期，小心篩選合適的優質伴侶，就能夠脫單。萬一在結婚後發現婚前對方包裝過度，發覺對方其實是一個劣質的婚姻伴侶。那麼你也千萬不要煩惱，因為，在這個世代，不幸福的婚姻中，還有再婚的選項。

在「戀愛脫單魅力學」中，沒有所謂的「最好的」，只有所謂「最合適的」

很多人都誤以為，找不到伴侶是因為自己的條件不好，或者因為自己的條件太好！

其實，都不是。

因為，這個世界上優秀的人實在是太多了。找不到對象，是因為你在選擇優質的交往對象中，忘記正視自己與交往對象的特質。**在愛情中要順利，就要找一個「互相欣賞」的人。因為，如果對方欣賞你，就沒有所謂的條件好或條件不好的問題。**

世俗中所謂的優秀人士，並不代表就是適合你結婚的對象。因為，愛情是求愛，不是職場徵才。

關於戀愛，你必須選擇「愛你，而且你愛的人」，而不是選擇一個工作優秀的人。一個在事業上優秀有成就，是值得每個人學習成功者的毅力與堅持。但是，愛情需要建立在「愛」的基礎，「互相欣賞」就成了選擇戀愛對象不變的法則。因為愛情要能夠順遂，就是要找一個與你在生活中能夠相處愉快的人。

要如何知道你在單身戀愛時期所交往的對象，是否是適婚對象？這樣的指標就是要觀察自己與對方在平日的相處是否會「常吵架」。如果一個在日常生活中與你會因為小事常常吵架，那麼對方就是不適合你的對象。因為，適合的對象，會與你有類似的「價值觀」、「生活觀」、「人生觀」，因此，也就能夠較少在生活中吵架。生命中有太多需要做的事情，如果一個人與伴侶常吵架，那麼愛情品質肯定會不好！

不要忘記，「單身」與「結婚」都只是人生的一個選項。但是，「想」結婚，就要有動力「脫單」。

打造你的「戀愛脫單魅力」花園

在愛情花園中，合適花園土壤的花卉，才能夠在你的愛情花園穩定成長。

在愛情花園中，耕耘花園養分的環境，才能夠讓你的愛情花園恣意盎然。

在愛情的花園中，每個人都想要有機會選到極品花卉，也希望自己擁有令人稱羨的愛情花園。但是，**並不是美麗昂貴的花卉，就是適合自己花園中的土壤，只要土壤的性質與花卉的特質不符，花卉就會在錯誤的土壤中枯萎死亡。**就像漂亮的杜鵑，必須生長在酸性土壤才會長得茂盛，這樣的特質，異於其它花卉的鹼性土質生長。

戀愛，也是一樣的。你認為極品的花卉，有時候並不適合自己。因此，在交往的對象選擇，最重要的不是考慮對方的條件，而是你必須把自己的愛情花園中的「土壤」顧好，也就是必須把「自己」顧好。之後才能去尋找你所喜歡的「花卉」，也就是愛情中的「對象」。

在「戀愛脫單」花園中，太多人注重包裝自己，希望自己能夠有極好的外在，這樣才能找到好的對象。但是，殊不知包裝自己，並不是戀愛的致勝要素。這樣的道理就好像，你今天看到一株特好的花卉，因此急著興建花園，希望用花園當中的小橋流水，來替自己的花園加分。但是卻忘記，美輪美奐的花園硬體設備，並不是花卉需要的重點，因為好的花卉，需要有合適的生長土壤、溫度、養分、水分、環境。

如果上天給予你的先天建材較差，你只要用雙倍的努力，把既有的建材加強牢固，就算你的花園只有石頭，只要自己懂得運用石頭並且建構得宜，就能有一番特別的風景。最後你會發現，你用石頭所精心建立的石頭花園，可能比大理石材質的花園更為特別。

要想快速從單身到結婚，就要知道要做到吸引對方，最重要的就是要先做到「看重自己」，這樣的看重，不是自大，也不自卑，是一種對自己人生看法的通透。在「脫單」之前，不要忘記完善自己的情緒，因為一個完整的你，才能讓自己的愛情與婚姻幸福。讓「完整的自己」可以「依附」對方；也讓「完整的對方」「依附」你！

推薦序

國立教育廣播電臺——常勤芬〈金鐘廣播得獎人〉

除了幫學生寫推薦函，我很少寫推薦序，那是因為知名度不夠，專業學養不足，總怕造成作者的困擾，當孟嫻拜託我寫序時，我一口就拒絕了，但最後被孟嫻的誠心打動了，**何況這麼優質的書不推薦豈不遺憾**。

第一次見到孟嫻是在閱讀她的第一本著作《不怕離婚，再說 I Do！》廣播專訪時，不但被她的書吸引，也被她的人吸引，亮麗活潑而不失真，學養內涵，言語表達都與一般的小留學生不同，後來才知道她是中學時出國，在看她的學歷：財經、法律、調停，真是聰明且很有想法的人，但最主要是她有一顆熱情服務的心。

現代年輕人不是恐婚就是在衝動之下結婚，雖然我們說結婚不是為了離婚，但離婚率飆高也是事實，孟嫻第一本書告訴大家做好準備，提防結婚後可能發生的問題，不怕離婚你的婚姻才會穩固，遇到問題時要面對它、解決它，同時情緒是不分職業、男女、年紀的，如何調適自己的情緒在婚姻中是很重要的。她將她在加拿大家事法庭中調停的諸多婚姻個案提出，雖然兩邊法律有些不同，但觀點與情事是可供參考的，內容非常精采。

這幾年中，孟嫻只要回到台灣都會跟我聯絡，而我總是問她何時出第二本書，她也都是回答在準備中，當她把第二本書的大綱內容、書名傳給我時，我暗自叫好，「脫單」簡單明了，是一本脫單魅力的書，也是一本教戰手冊，其實單身貴族對戀愛與婚姻還是嚮往的，但如何了解自己、看重自己，不需要怕結婚，只需要有腦去愛而不光是有膽去愛，找到適合自己的人是很重要的，看完第一本書再看第二本書《戀愛脫單魅力學》，相信你對婚姻會有不同的看法，會勇於面對婚姻的挑戰，預祝孟嫻的第二本書《戀愛脫單魅力學》順利成功！

Part 1

不是你／妳不夠好，而是你／妳不知道如何展示自己

1

如何讓對方看到你／妳的優點，接受你／妳的缺點

彭孟嫻給你／妳的愛情觀點：

作者：彭孟嫻 Jessica Peng

在愛情中，不要在意「自己認定」的優點與缺點，因為一個人所認為的優點，可能是另一個人認為的缺點；一個人所認為的缺點，可能是另一個人所認為的優點。

在愛情中，不要在意「別人認定」的優點與缺點，因為其他人所認定的優勢，可能是另一個人認為的劣勢；其它人所認為的劣勢，可能是另一個人所認為的優勢。

在愛情中所面對的瓶頸，不是因為你不夠好，只是因為你不清楚「個人特色」。其實，只要你真實的展現自己，好好強化自己的特色，你就一定能夠遇到一個完全欣賞你的人。

每個人都有自己特別的地方，只是有的人不知道自己特別的地方在哪裡？人，生下來在這個花花世界，資質其實都差不多。眾多人口中，只有少部分的人，較為不幸，生下來就有先天上的缺失。既然大多數的人資質差不多，為什麼在愛情中有人能夠如魚得水，但是，有人卻總是慘遭滑鐵盧？

這當中並不是資質與外表的問題，也不是個性的問題。在愛情中會有際遇不同，是因為你不知道自己的特色，所以就不知道如何展現自己。換言之，**不知道如何展現自己的人，就會太過執著於自己的優缺點，殊不知優點與缺點其實只在一線之間。**

一個人所認為的優點，可能是另一個人所認為的缺點；相對的，一個人所認為的缺點，可能是另一個人的優點。這樣的道理就好比，油畫盤中對於顏色的混合，並沒有絕對的標準，因為每一個人喜歡的顏色不同，每一個人喜好的部分也有異。

「個人特色」的認知，必須建立在自己對自己的了解，而不是建立在別人對你的批評與評價！

對於缺點的錯誤認知，會讓愛情無法順利

很多人從小到大因為周遭人士給予的評價，而影響自己對於「個人特色定位」。**別人眼中的自己，並不是完全真實的自己。真實的自己有時候你也會錯誤界定。**因為從小到大被別人貼標籤，或是從小到大太過自卑或太過自信，都會讓你對於自己的特色模糊焦點。

既然別人的看法可能有誤，那就不需要在意別人的看法。在愛情中，只需要真實地表現自己，就會有喜歡你特質的人。真正喜歡你的人，會把你從小到大被貼的負面標籤都認為那是你的優點。

要展現自己的特色，不是老王賣瓜，自賣自誇，而是要讓對方打從心中真的覺得你很好，這樣才能夠讓對方想進一步接觸你。**在愛情中，要讓對象感覺你的好，不需要特意表現自己，只需要在相處的過程中尊重對方。**

你可以注意觀察，在愛情中順風順水的人，通常都較好相處，也較能夠尊重別人。在愛情中挫折連連的人，常常不知道在相處中尊重戀人。**很多人仗著自己天生的優勢，在做人處事方面沒有尊重伴侶的感受，在愛情中也認為對方的付出是理所當然，這樣的個性當然會在愛情中傷痕累累。所以，才會有一些社會上的菁英，認為自己這麼優，為什麼很少人欣賞。**

能夠控制自己的特點，該特點就會變成優點；不能夠控制自己的特點，該特點就會變成缺點

很多人在愛情中受傷，並不是自己的缺點太多，而是忘記「控制」自己的特點。

一個「關心伴侶」的人，應該算是具有好的個人特點。但是，這當中有界線區分。如果關心伴侶的舉動適可而止，那就是優點。但是，如果過度關心伴侶的行為，那就變成干涉。因此，任何的優點，只要「沒有底線」就會變成缺點。

在愛情中，最重要的是要找到接受你「全部」的人。而不是逼迫你改變成為另一個人。

因為，人的一生雖然不長，但是，兩人要一起過日子，那麼相處的時間就會很長。**因此，你不可以在單身戀愛階段，為了交往的對象不斷改變自己。因為無論你如何改變，對方也有可能不喜歡你所改變的特點。要改變自己，一定是要自覺地覺醒改變，而不是為了取悅對方而改變自己。**

所以，在愛情中不需要改變自己。最好的解決方法，就是找一個優質的合適的對象，全盤接受你！要脫單，並不需要迎合對方而改變自己的行為與說話方式。只要懂得尊重別人，就一定會成功脫單。要知道語言的表達會影響兩個人的相處，在戀愛的過程要隨時提醒自己，越是親密的人，你說話就要越小心。**因為，愛情這東西很奇怪，只要在愛情中，感到對方在言語表示輕蔑，愛的感受就會瞬間消失！**

愛情需要「正確定位」

什麼是優點？什麼是缺點？其實，優點與缺點，根本是「一體的兩面」。

舉例而言：你可能喜歡一個具有憂鬱特質的異性，但是你的朋友可能對你喜歡的憂鬱特質對象極為反感。所以在愛情中，不需考慮如何隱藏自己任何的特點，因為所有的特點，都會有不同的評價。一個愛自己的人，是不會被別人的評價所干擾，因為要有好的愛情，你就不能活在別人的眼光，只能定睛在自己所要。

除此之外，自己的「自信定位」，也會影響你展示自己。**有沒有注意過認識的人當中，有些人對於自己的異性魅力非常沒有自信，有些人卻又對自己異性魅力自信爆棚。**

在愛情中「誤以為」自己無法吸引到異性的人，其實就是不知道如何選擇一個能夠完全接受你全部的人，這樣的接受包含你自己所認為的優點與缺點。每個人都有自己的特色，關鍵在於你要如何「正確發現」並且「正確運用」。因為，錯誤認知自己的特點，就無法讓自己在愛情的空間覓得正確的對象。

那麼該怎麼展現自己，才能遇到一個真正欣賞你的人？

其實，在愛情中，最好的展示自己的方法就是：「不要隱藏，真實的做自己」！這樣就可以讓單身的你，吸引到「真正」喜歡你的人！

很多夫妻在結婚之後，沒幾年就離婚的主要原因就是：在談戀愛階段，把自己「包裝」得與真實的自己差別太大。誤以為展現自己就是要隱藏自己。

其實，每個人都無法一輩子偽裝。在戀愛的階段，很多人都想得到對方的關注，也希望自己能夠與對方修成正果，因此就會自尋煩惱地考量如何隱藏自己的一些特質。殊不知再怎麼懂得隱藏自己的人，最後仍然會原形畢露。因為，結婚後如果發現自己的伴侶與之前的認知差異太大，最後也會以離婚收場。

單身男女要想吸引對方，最重要的就是要「看重自己」，這樣的看重，不是自大，也不自卑，是一種對自己人生看法的通透。

不需要在乎自己既有認知的優點與缺點，也不需要在意別人認定的優點和缺點。要讓對方看到你的特色，只要「尊重對方」就可以。這樣，契合的力量，就會在自己與對方的交流之中，產生愛情的漣漪。

2

照顧自己的愛情花園，你／妳包裝的不是外表，是個性魅力

作者：彭孟嫻 Jessica Peng

彭孟嫻給你／妳的愛情觀點：

在愛情花園中，合適花園土壤的花卉，才能夠在你的愛情花園穩定成長。

在愛情花園中，耕耘花園養分的環境，才能夠讓你的愛情花園恣意盎然。

不要擔心自己花園先天石材是優是劣，因為只要你布置得宜，就能夠擁有屬於你自己的特別花園。

不要憂慮自己花園先天材質建構困難，因為只要你雙倍努力，就能夠建構屬於你自己的特別景緻。

在愛情的花園中，每個人都想要有機會選到極品花卉，也希望自己擁有令人稱羨的愛情花園。

但是，**並不是美麗昂貴的花卉，就是適合自己花園中的土壤，只要土壤的性質與花卉的特質不符，花卉就會在錯誤的土壤中枯萎死亡。**就像漂亮的杜鵑，必須生長在酸性土壤才會長得茂盛，這樣的特質，異於其他花卉的鹼性土質生長。

愛情也是一樣的。你認為極品的對象，**有時候並不適合自己。**因此，在交往的對象選擇，最重要的不是考慮對方的條件，而是你必須把自己的愛情花園中的「土壤」顧好，也就是必須把「自己」顧好。之後再去尋找你所喜歡的「花卉」，也就是愛情中的「對象」。

在愛情的花園中，太多人注重包裝自己，希望自己能夠有極好的外在，這樣才能找到好的對象。但是，殊不知包裝自己並不是戀愛的致勝要素。這樣的道理就好像你今天看到一株特好的花卉，因此急著興建花園，希望用花園當中的小橋流水來替自己的花園加分。但是卻忘記美輪美奐的花園硬體設備並不是花卉需要的重點，因為好的花卉，最需要的是有合適的生長土壤、溫度、養分、水分、環境。

包裝自己的外表，不是戀愛致勝的要素

為什麼這麼多人認為包裝自己的外表，就是戀愛致勝的要素？

因為社會上有太多的男女，從小到大就對於「美」有錯誤的迷思，認為只要外表出眾，就有好機會。

其實，這真是錯誤的迷思。

認為需要包裝自己外表的人，很多都是因為在過往的愛情中有過挫折，但是卻因為積極改變外表打扮之後，增加愛情中的選擇對象。因此，就誤以為外表與打扮就是吸引異性的重要因素，殊不知外表打扮雖然可增加異性注意的機會，但是，異性的關注並不代表異性會想要與過度注重外表的人長期交往，因為，想要結婚的人注重的是「個性」，而不是外表。

任何事情都不能矯枉過正，注重自己的外表沒有錯，但是必須適可而止。**愛情中，**

最重要的還是修正自己的品格，就好比自己的愛情花園，想要有位置種植花卉，最基本的就是花園中不能雜草叢生。

關於愛情，你需要包裝的是個性不是外表。如果想要在愛情中如魚得水，你必須有好的「個性」！這也就是俗話說：個性造就命運。因為，有愛情並不能保證兩人能夠修成正果，如果在戀愛的過程中，遇到個性不好的對象，你也絕對不會願意冒然進入結婚。

所以，愛情並不是用奢華而不實際來呈現，而是用實際且真誠來展現。就像花束的展現，不是用昂貴的包裝紙來包裝花卉就能夠讓人感到優質。如果花卉本身品質不佳，用再貴的包裝紙包裝，也無法改變之後拆掉包裝紙發現的劣質花卉，之後轉身丟棄。

在愛情中，要讓花卉有更好的呈現，要注重的不是包裝紙的種類，而是花卉的「品質」。這樣的道理在愛情中，就是你如果是美麗的花卉，想要推銷出去，不是換包裝紙，而是要改善花卉品質。這樣的道理就是說，如果一個人想要脫單，就不要在意自己的外表，只要將自己的特質與個性完善，就能夠有優質的人欣賞你。

因為，找愛情對象不是在找優秀的公司經理人。愛情的對象，不需要高學歷、高薪水，高學歷、高薪水的人，如果有壞個性、壞脾氣，你在與對方交往後，一定會衝突不斷，**因為那樣的人個性無法與你的生活型態合理搭配，也無法與你的人生理念共同成長。**

但是，一個人個性的好壞，不是自己說了算，而是要以你的交往對象與你相處的感受為主。

有時候你會看到一個在言語上總是對外宣稱自己不發脾氣，強調個人脾氣很好，但是與其認識，卻發現對方私下其實是一個相當難相處的人。相反的，有時候你會看到一個笑稱自己脾氣很大的人，其實在生活中只是生活嚴謹，但是卻極好相處。

所以，在尋找優質對象時，不需要對交往對象宣揚你個性的好壞，因為每一個人都有自己的感受，每一個人也都有自己對愛情相處的不同承受度。

照顧自己的愛情花園，你／妳要知道無私付出

在愛情中，照顧自己必須有所分寸。我發現「愛自己」這三個字，在愛情中如果沒有定義正確，很危險！

因為，愛自己，如果沒有分寸，就會變得自私。

在愛情中的男女，很多人都走極端，有些人是太愛自己，忘記對方的存在；另一些就是太愛對方，但是忘記愛自己。

愛自己「過多」的人，會讓戀人覺得自我中心。愛自己「太少」的人，又容易在愛情中表現悲情。這當中就是在愛情中沒有平衡付出的天秤。

在生活中，任何事情都需要有平衡點，愛情亦是。因此，在愛情中，任何事情都需要「情理並重」。

關於愛情，一個人當然要愛自己，但是絕對不可以「太過」愛自己，**因為在愛情中，**

除了自己，還有對方。要有好的戀情，需要在進入戀愛中，適度的「調整自己」，也就是進入愛情或婚姻中，必須把自己生活的比重，重新劃分。

對於生活，你必須「照顧自己」，因為**「把自己照顧好，你才能照顧所愛的人」！**但是，不要忘記在生活中照顧自己，也可以同時照顧你所愛的人。把自己照顧好，才可以照顧所愛的人，並不是意味著當中的「照顧」有優先順序。而是，**在愛情裡，愛必須是兩人「一起更好」**。

除此之外，**愛情花園的品質好壞，完全與對方家庭的經濟條件無關，更與對方的職業學歷無關。唯一有關連的就是：「對方有沒有對你好」！因為，一個太愛自己的人，是很難完全對伴侶好！**

當你面對一個很難對伴侶好的人，你的失望與抱怨程度會隨著交往的時日增加，變得有疲憊感。**因為在愛情花園中，獨自耕耘是無法有美好的成果，唯有感受到對方的付出，你才會覺得自己的付出有價值。**

建立自己的愛情花園，不要在意所謂的條件與背景

要有好戀情有一個重點就是無論你來自什麼樣的原生家庭，過往受到哪些傷害，那些都必須讓它過去。**不要緊握自己過往的記憶，因為那會影響你現在前進的動力。要讓負面的過往記憶遺忘，最有效的方式就是：在現在「增加正面記憶」**。

人生在世，很多時候都不可以回頭。人可以檢討自己，就是不可以往後走，無論現在或未來，絕對不要沉溺在過去的不愉快記憶！

要建構自己的花園，就不要擔心自己手中所握的建材是劣、是優，因為你可以藉著自己的努力，讓自己的花園有前瞻。在愛情中總是擔心自已條件好壞的人，很難放下心中的包袱面對異性。**在建立自己的愛情花園，你不需要在乎自己的先天條件，你需要在乎的是加強自已的「內在力量」。因為，一個在精神上有耐力的人，就能夠在愛情中不怕被批評或拒絕。要知道不是你不夠好，而是必須遇到喜歡你天生材質的人。**

如果上天給予你的先天建材較差，你只要用雙倍的努力，把既有的建材加強牢固，就算你的花園只有石頭，只要你懂得運用石頭並且建構得宜，就能有一番特別的風景。最後你會發現，你用石頭所精心建立的石頭花園，可能比大理石材質的花園更為特別。當你能夠把自己的「心靈花園」顧好，就不會被過往負面的經歷影響，在心中造成自卑或自大。因為心靈的想法不正確，就會影響你的行為，也就會影響你的愛情交往。

在愛情中，如果目前還沒有合適的對象，絕對不是因為你不夠好，而是你還不知道如何運用你的天生資質，尋找合適的優質對象。在愛情中，不需要過度包裝自己的外表，只要真實的呈現自己，讓你的善良個性展現，**不需偽裝自己，因為那會變成自大；也不需要縮小自己，因為那會變成自卑。**

只要你重新整理自己的「心靈花園」，你就能夠把自己的美好呈現在眾人面前，這就會成就你的個性魅力，也會自然而然地吸引到適合你的優質伴侶來到你的「愛情花園」！

3

不要設限愛情，設限讓你／妳無法靠近愛情

彭孟嫻給你／妳的愛情觀點：

愛情無須設限，不是擁有拚搏的事業，就能收穫真愛的夥伴。

愛情無須憂慮，不是擁有愛情的存在，就會失去事業的建構。

愛情不需「過度設限」，因為找對象需要「時間」！要知道找不到合適的對象不是你不夠好，而是你在愛情的道路上顧慮太多。

作者：彭孟嫻 Jessica Peng

「設限」兩個字，在愛情中是極大的致命傷。很多單身男女無法找到合適伴侶，就是因為在男女交往中，有太多的自我設限。

單身男女的自我設限，有時候反映在事業拚搏，有時候反映在自我情感壓抑，有時候也會發生在原生家庭的限制。

會避免靠近愛情的人，無論是暫時設限還是長期設限，會認為發展事業就不能有愛情的人，有部分曾經在過往的愛情裡，沒有找到真心愛他的對象。有些人在過往的愛情有許多傷痛。有些人則是因為自己的父母過度干涉子女的擇偶標準，造成子女乾脆不靠近愛情。

其實，幸福不是一種與生俱來的能力。要幸福，必須在脫單路上不要設限，才能與愛你的人一起慢慢經營。如果一個人在單身時期自我設限，不願意把自己的愛情心門打開，那麼有緣人又如何能夠進入你的心扉？

想脫單，就必須不要制定框框條條的愛情限制，因為，這個世界上那些唯美的愛情連續劇，有時也會出現在真實的生活中。要有愛情，一定要先願意交往。雖然，中外人士都認為愛情需要緣分，但是，如果一個人不把自己愛情的大門敞開，就算上天已經安排了有緣人給你，也可能就被你拒絕於心門之外。

設限愛情，最主要不是因為交往對象會影響一個人的事業，而是當事人「誤以為」要有成功的事業，就一定不能有愛情

要脫單就不能「誤以為」為了拚搏事業，就非得要杜絕感情。因為愛情與事業是可以同時進行。

這個社會生活步調快速，單身男女有很高的自我期許，會在拚博事業的同時告訴自己：「當我事業有成之後再找對象」。這樣的想法，會讓自己在愛情中設限，因為適合自己的對象出現時，人因為忙著事業而忽略已經出現在自己生命的優質對象。

我常常收到讀者分享，當中一位年輕男讀者提到，他決定與女朋友分手，因為感覺自己與女朋友交往很浪費時間與金錢。因此男讀者主動對女友提出分手。但是，分手後的幾個月，男讀者感到感情空虛，因為他的工作似乎是個無底洞，永遠沒有到底的時候。因此那名男讀者想要與前女友復合，可惜的是，前女友已經有了新的交往對象。類似這樣的例子在單身男女之間比比皆是。

在愛情的市場中，許多事業有成的單身男女，有著令人稱羨的物質生活，豪宅名車的富足卻飽嘗沒有真愛的痛苦，那樣的感受，就好比身處豪宅，卻空蕩無人陪伴。在中年時期，如果男人有錢，的確能夠比較容易找到年輕且期望長期飯票的女性，但是，那些男士會自問：「年輕的單身女人靠近，是真的為了愛，還是為了錢？」相同的，如果是中年的單身女性，面對同齡的男士，很多都已經結婚生子，因此只好尋找比自己年紀稍小的男士，但是，這些中年女性同樣會有疑問：「比自己年紀小的男子，給的是真愛，還是只要有錢？」

在愛情中的限制，有時候是因為情感設限

人是有覺知的，很多人在生活中會自我覺察，會檢討自己的生活與人生。因此，單身男女處於一個人的生活，也會思索自己的生命，真的是要一個人度過嗎？

尤其是女人，在埋首工作打拚事業之後，忽然自我覺知已經快要過了生育年齡期限，就會忽然想要專心找對象。**但是，「找對象」絕對不是忽然要找就能立即找到。因為，要找到合適的對象需要「時間」！**

因此，想脫單的女性，就會開始答應家中的相親，也會開始在交友網站上尋覓對象，甚至會後悔過往的愛情自我設限太多，以致於現在有想要懷孕生子的意願，卻沒有對象可結婚，而且自己也沒有未婚生子的勇氣。因此，很多在愛情路上設限過多的人，就會在自我覺醒時，慢慢降低擇偶的標準。

其實，要脫單，根本不需要降低擇偶標準，你只要願意放下自己腦中對於未來伴侶條件的期待，就可以避免在愛情的尋覓中，過度設限而錯過。因為，**不要在愛情設限，並不是代表在愛情中沒有擇偶的「標準」，而是在交往的過程中不要有先入為主的觀念，**這樣才能互相認識，也才能在認識後的相處中，篩選出適合自己的對象。

不是你／妳不夠好，而是家庭成員干涉太多

原生家庭的設限，其實耽誤很多男女的婚姻。許多目前單身的男女，都表示過自己的父母對於自己所交往的對象不滿意。開明一點的父母，只會做到耳提面命，習慣干涉的父母則會強烈制止自己的孩子與交往的對象繼續聯絡。

因此，很多好的姻緣就是因為父母的阻止，讓子女乾脆維持單身，因為無論自己怎麼選擇對象，父母也是不滿意。其實，在婚姻中經由父母安排的婚姻，很多最後都以離婚收場。因為愛情是必須建立在兩人愛的基礎，而不是建立在父母的喜愛。

兩個人未來要結婚，需要以自己的伴侶為主，而不是以父母為主。婚姻的男女主角必須自己選擇，其餘的人在婚姻中都是配角，配角不應該有決定男女主角的權力。關於原生家庭，父母是子女孝順的對象，但是，這並不是意味著父母對子女的愛情交往對象有干涉權。

一個在戀愛過程分不清「原生家庭」與「未來自己要組成的家庭」需要做切割的人，注定在未來的婚姻走得辛苦。**在自己的愛情中，與原生家庭切割並不是對自己的原生家庭置之不理，而是要知道不要把原生家庭的問題，捲入在自己交往的對象中。**

設限愛情，就會讓自己成為愛情的犧牲者

無法靠近愛情，就是因為你顧慮太多。在生命中有好對象，結婚不需要拖至中年。很多中年的單身男女，回顧過去常常會懊悔，年輕時有適合結婚的優質對象，但是，因為自己對人生的「過度設限」，竟然成為「愛情設限」的犧牲者。

本來自己認為對於人生與事業的計畫，會帶給自己在愛情的豐收。但是，隨著年齡的增長，才發現為了事業放棄愛情，不但沒有在事業成功時收穫愛情，最後隨著年齡的增加，可以選擇的對象又更少，有的甚至只是貪圖錢財的愛情騙局。

在愛情中，並不是每個人都看重錢，因此中年有錢，不見得就會幸福。更何況，很多單身男女，從年輕拚搏事業至中年，並沒有成功賺到錢，那樣的單身中年，更是難覓得真愛。倒不如在年輕時期，能夠接受不要設限幸福，讓自己多接觸異性朋友，從中遇到適合的對象。

要脫單沒有捷徑，必須不過度計畫，因為你的計畫永遠趕不上命運的大手。不要認為要有成功的事業就不能有愛情。**如果你找到適合你的對象，有時候反而是你事業上的助力，而不是牽扯你後退的阻力。**因為伴侶的支持與鼓勵，能夠在你的心中形成一種不能失敗的責任。

要靠近愛情，就不要設限。「設限愛情」不單是耽誤自己，也讓對方無法靠近你！

4

放膽去愛，讓你／妳愛的人，也愛你／妳

作者：彭孟嫻 Jessica Peng

彭孟嫻給你／妳的愛情觀點：

要擁有愛，就要放膽去愛。不要在乎過往戀愛經驗的失敗。只要謹記：愛不是你想愛，就可以隨心所愛。愛的前提是：你愛的人，也愛你！

要大膽愛，就要設定底線，不要認為執著戀愛過程的困難。只要謹記：愛不是你要愛，就可以痴纏亂愛。愛的前提是：人不索愛，自然愛！

在愛情中，要放膽去愛。不能把過往的愛，帶進現在。要知道「大膽去愛」並不是膽大去愛，而是要「有腦去愛」。

在愛情中，放膽去愛，不是「有膽」就可以

在愛情中，沒有所謂的「應該」。因為，「大膽去愛」並不是「膽大去愛」，而是要「有腦去愛」。

放膽去愛，就不能把對方的付出視為應該。當你沒有珍惜對方的付出，你所愛的人，就不會愛你！在兩人愛情的交往初期，如果兩個人的付出不對等，你就放膽去愛，之後發現你愛的人沒愛你，隨著兩人交往時間增加，你就會感到筋疲力盡，無法繼續在愛情中持續付出。因為，沒有對等的愛情無法長久。

要放膽去愛，一定要選擇一個你愛的人，而且要確定對方也愛你。不要傻傻地認為大膽去愛，就是要包容對方的一切。如果對方不愛你，你的包容就是廉價付出。要知道在愛情中沒有所謂的「應該」。**再親密的愛情，也禁不起單方付出。**

現代的人都太專注在自己要什麼，以至於在兩個人的關係中忽略對方要什麼。唯有選擇一個懂得愛是需要「雙向付出」的人，在愛情中「大膽愛」的時候，才能幸福。

要如何讓你愛的人，也愛你？

飛蛾撲火的癡傻，絕對無法讓你愛的人也愛你！

毫無底線的愛，叫做「痴纏亂愛」。強迫對方的愛，叫做「控制索愛」。

在愛情中，不是你想愛一個人，對方就會如你所願，這就是為什麼會有那麼多情殺事件。

要對方愛你，首先就必須「站在對方的角度看事情」！過往的愛，無論讓你有多不順心，你都不能把過去帶進現在。

換句話說，過去的愛，必須遺忘，因為你現在追尋的對象與過往交往的對象是「不同的個體」。一段關係要好，一定要知道如何把自己與「過去」做「切割」！如果你活在現在，但是你的「心」卻活在過去，那樣無法與過去做切割的你，就會像水中的倒影，分不清真實與虛假。

無法忘記過去，就會讓自己在心中產生焦慮。因為你不知道自己是否能夠找到「好」的戀情。但是，如果你不放膽去愛，那麼，愛絕對不會自己來。

放膽去愛，不是放任自己風風火火的愛

風風火火的愛不是真愛，一份生死相許的愛也不是真愛，因為，愛情必須用「責任」來支撐。因此，要有美好的愛情，在交往的初期，就必須要考慮清楚，而不是隨便投入，見一個愛一個。

很多人汲汲營營地希望找到「真愛」，其實真愛並不會在愛情的開端出現，換句話說，在愛情交往的開端，都不會有真愛出現。因為，真愛需要時間來考驗。

放膽去愛，並不需要自己在愛情的開端，就認定對方是真愛。放膽去愛，只是提供自己一個愛情平台，讓自己有機會接觸適合自己的人，給自己機會與自己欣賞的人更進

一步的接觸。

要有真愛，就不要在愛中有期待，因為「期待」兩個字是愛情中最大的滅火器。

要脫單，就不能在愛情的開端，就期待交往的對象能夠愛你、體貼你、保護你。因為大部分的人不是不懂得愛，也不是不懂得體貼自己所愛，更不是無法保護自己所愛。

事實上大部分的人，在愛情沒有深入時，不願意付出真愛。但是，那並不意味著，還沒有對你付出真愛的人，對你沒有愛意。因此，想脫單，就不要鑽研在「真愛」兩個字，這樣就比較能夠在愛情的開端，放膽去愛。

要放膽去愛，也要放膽忘記過去

在愛情中，想要放膽去愛的人，有時候會出現一個瓶頸就是，在記憶中無法忘記過去愛情的傷害。

其實，愛不是一種感覺，愛是一種相處的藝術。

過往的愛所帶給你的傷害感覺，已經過去。那些過往對於愛的傷害記憶，只能代表過往的你與過往的交往對象，在愛情的相處藝術中沒有成熟，或者沒有緣分。

但是，現在的你，等於全新的你。因為現在的你所面對的對象，與過去的你所面對的對象完全不同。因此，要放膽投入新的戀情，就要放膽忘記過去。不要害怕你找的對象會再次帶給你傷害，因為一切的擔心，都是自己揣摩而來。

如果一個人真的想要不結婚過一生，那也沒有什麼不妥。但是，如果一個人的內心想結婚，卻因為害怕受傷，而偽裝成一個人過也很好，那就完全阻斷自己可以與一個志趣相投的人，共同建立屬於兩個人的愛情世界。

事實上在愛情中隱瞞自己真實想法的人，過往的愛情通常不太順遂，因此，才慢慢地讓自己的愛情心房悄悄關上。因為，這些曾經全心全意看待愛情的人，卻總是被愛傷害。

於是，人明明心中渴望愛，但是，卻告訴自己：不需要愛。

其實，「想愛，就要放膽去愛」！如果要愛，就要去追尋，不管過往的戀愛失敗多少次，如果你想要生命中有一個與你心靈相通的戀人，就要勇敢去愛。

但是，「愛」這個字，並不是你想愛，愛就會來；也不是你想愛，就能愛。因為，要放膽去愛的前提，就是：你愛的人，也愛你！

5

要知道如何展現你／妳的穩定性，避免速食愛情

彭孟嫻給你／妳的愛情觀點：

作者：彭孟嫻 Jessica Peng

要有穩定交往的戀情，就要避免速食愛情或經常更換伴侶。

要有穩定交往的對象，就要確保穩固愛情並時常肯定伴侶。

感情的「預期狀況」，必須像球賽的「季票預購」，需要能夠呈現「季後銷售」的預期想像。如果你給人的感覺玩世不恭，那麼，真正想結婚的人就不會選擇你為穩定的戀愛對象。因為，無法預期兩個人的未來是否適合步入結婚殿堂。

要結婚，關鍵就在掌握交往的「預期心理」。也就是在選擇對象時，你必須讓對方預期你這個人是適合結婚的對象。

想結婚的人，在選擇對象時，通常不會選擇一個「對象頻換」的人，更不會找一個崇尚「速食愛情」的人，因為想結婚的人，需要伴侶具有「穩定」性格。

許多在愛情路上一直頻換對象的人，都有一個唯美的想法，就是認為；「愛情不在乎天長地久，只在乎曾經擁有」。並且認為：一輩子實在太長了，真愛不在於相愛的時間長短，只在於兩人的刻骨銘心印記。

如果有這種想法的男女，一定在「想結婚」的路上，做個墊尾客。

因為，要結婚，最重要的就是要穩定！

穩定的性格，穩定的行事，穩定的人格特質，都是結婚的要素。

如果一個人對於愛情的想法，只想要兩個人相處的甜蜜，但是，並不需要有兩個人對結婚的渴望，那他所表現出來的行為，一定只是以自己為主。一個以自己為主的人，就會以自我中心行事，這樣的做法，就不會穩定。

人的頭腦是很奇特的，當你不停地在自己的腦中輸入某種觀念，久而久之，這樣的觀念，就會變成你深信不疑的座右銘。因此，**如果你想結婚，你一定要在腦中灌輸自己生活必須要有定性。因為當你「想結婚」，你就必須讓對方看到你是一個值得依靠的人，讓對方感覺與你的穩定交往，一定會造就兩個人的幸福。**

當你不是一個見異思遷，也不是一個頻換伴侶的人，就能夠讓對方感到交往會有安全感。這也就是代表兩人的愛情會因為你的定性，而逐步完善。

感情的「預期狀況」，就像球賽的季票，需要能夠預期「季後銷售」！如果你給人的感覺玩世不恭，那麼，真正想結婚的人，就不會選擇你為穩定的戀愛的對象。因為，無法預期兩個人的未來（季後銷售）是否適合步入結婚禮堂。

感情要穩定成長，就要知道避免速食愛情

說真的，單身或結婚並沒有好壞之分，只有適不適合自己而已。但是，只要想結婚，就一定要避免速食愛情。

現代的社會，選擇對象的管道變多，但是，認識之後成功進入婚姻的人不多。看看許多相親節目與管道，確實提供很多機會讓單身男女認識，但是，為什麼很多都變成短暫交往，而不是進入婚姻呢？

原因就是，現代人因為認識對象太容易，所以在相處模式，容易處於速戰速決，也就是所謂的「速食愛情」。

如果一個人習慣速戰速決的選擇愛情，就會忽略選擇「穩定特質」的伴侶，而讓自己以外表或世俗條件來選擇對象，那就容易在交往過程中感到厭倦，因為，速食愛情對於交往的對象選擇，可以呼之則來，揮之則去，也就不會以穩定的心態好好地了解對方。

一個喜歡速食愛情的人，不適合結婚！如果一個人對於愛情，總是尋求刺激與快感，最後只會讓對方受傷，因為那種「不專情」的人，不會在你的生命中駐足太久。

避免選擇速食愛情，要有「成熟的定性」

要能找到理想的伴侶，首先要告訴自己：「想安定下來」！

速食愛情對於愛情的快速更換，並不能體現兩人愛情在時間中的磨練。雖然有些速食愛情也有修成正果的例子，但是，絕大多數的速食愛情往往是無疾而終。原因就是缺乏相處的定性。

有定性的人，在愛情中通常都不會過度敏感，也不會過度的吹毛求疵。**在感情中，要求對方有定性，自己也要做到：不要微風一吹，樹葉盡落。**換言之，要找到一個適合結婚的人，一定要找到有定性的人。相同的，你喜歡對方有定性，你自己也要有定性。

這樣才能讓對方感覺到，兩個人的「未來」能夠有穩定的感情成長。

定性的相處體現，在於兩個人在思想中對於伴侶的信任。舉例而言，一個男人，要做到不會多疑敏感，不要因為女人外出，就認為對方不安於室。一個女人，也要做到不要過度思考，如果男人晚歸，就誤認對方心懷不軌。**要知道在兩性的溝通中，不要過度反應，就是交往定性的一種表現，因為很多感情問題，都是因為思想的不定性，讓憑空想像的思緒，破壞了兩個人美好的愛情。**

人與人之間的相處，要用「心」來感受。男女之間的相處，更需要用「真心」來感動對方。如果自己能做到在生活中，不要事事追根究柢，不要為了一些雞毛蒜皮的事與對方吵得不可開交，這樣的你基本上就具備基本的定性。

有定性的人，一定不會是生活上依賴對方的人，也絕對不會在心理上依賴對方。

有定性的人，通常是有擔當的人！

要知道，**有擔當的人，一定會在男女的交往中尊重對方，這樣的理智交往，就能夠有定性。**在男女的交往階段，雙方都要避免抱著一種心態：就是「如果你愛我就要以我為主」，這樣的心態，其實就是男女相處的致命傷。因為，有擔當，並不是代表兩個人的責任全部都由一個人承擔。因為，真正的愛是必須要由兩個人一同承擔。誰也不要有一種讓對方掐著脖子的致命感覺。

想結婚的人大多數都不想浪費時間去選擇一個不適合的人。同樣的，想結婚的人，必須避免選擇一個崇尚速食愛情的人，因為快速選擇之後容易增加分手的機率。

單身的男女，為何期望結束單身的生活，難道不是為了在心靈上期待「安定」？

要有穩定的個性，就不可以有吹毛求疵的個性。因為，在愛情與生活中，真正負責又穩定的人，絕對不會在生活中吹毛求疵。

一個有定性的人，才能吸引到真正想「安定下來」的人！這樣的男女交往，才會是成熟的定性交往。**如果想要對方一顆安定的心，你自己的心也必須安定。**

Part 2

告訴你／妳恐婚、拒婚／懼婚的元兇

6

一朝被蛇咬，十年怕井繩，愛情的痛為什麼無法釋懷？

作者：彭孟嫻 Jessica Peng

彭孟嫻給你／妳的愛情觀點：

要有新的戀情，一定不能落入過往記憶的捆綁，要知道過往戀愛的失敗，並不代表你個人特質失敗，因為，過往的戀情沒有修成正果，只是意味著兩個人的特質不適合對方。

要有新的戀情，一定需要接受過往記憶的存在，要知道過往戀情的起落，能夠避免你個人自怨自艾，因為，過往的戀情沒有攜手繼續，只是意味著兩個人的美好不能夠共鳴。

很多人之所以會被過往緊綁，主要的原因就是把過往的點點滴滴，都視為自己為自己打分數的課題。但是，在愛情中，與前任戀人的點點滴滴，只是屬於人生的「階段性性質」，過去的戀情，並不會在未來複製，因為新的戀情中的對方，不是同一個人。

在愛情中，「不再相信愛情」是很多在愛情中，受傷很深的人，普遍的感受。

很多被前任戀人深度傷害的男女，對於新的戀情，有一種「一朝被蛇咬，十年怕井繩」的恐懼。那種勒頸的窒息感，就好比被毒蛇咬傷，雖然沒有致命，但是卻有被劇毒攻身的痛苦，就算經歷多年，那種微微的傷痛，仍然像被繩索緊捆的痛楚。

有沒有經驗在失戀的夜晚，自己一個人在燈火闌珊的道路中漫步，感覺外面喧囂的聲音似乎與自己無關，自己也完全感覺不出存在的意義，只有感到自己好像無法呼吸，似乎空氣中的氧氣，因為自己的失戀，已經消失殆盡。

其實，戀愛的傷痛，很多都是因為對於愛情的記憶無法忘懷。

人的失戀，其實只是從頭來過。但是，**為什麼這麼多的人對於失戀，會有「一朝被蛇咬，十年怕井繩」的恐懼，主要的原因就是，在戀愛的過程中真心的付出，沒有得到對方的尊重與珍惜。**

我認識一位比我年長且條件相當好的女醫師，在工作之餘也在社福方面做了相當大的貢獻。她目前已經快要六十歲，外表仍然高雅大方，但是，一直保持單身的她，在一次我們參與社區服務活動之後的募款餐會結束之後，我們兩人一同到咖啡廳繼續聊天。在那日的言談之間，我知道那位高雅大方的女醫師，在年輕的時候對交往的對象專情又用心，但是，幾次的戀愛都在論及婚嫁前，有一些波折，因此，女醫師在年過四十，就逐漸失去戀愛的動力，因為覺得一個人過生活也很好。她表示她的生活很充實，有愛她的父母，以及疼她的姐姐。還有尊敬她的病患，以及弱勢團體人員對她的需求與依賴。

但是，她誠實地對我說，她有時也會有「想結婚」的感覺，可是她感到自己對愛情的害怕。倒不是考量年齡，因為這個時代，不同的年齡，有不同階段人士的欣賞與喜歡，年長的女性，也有很多年齡類似的仰慕者，甚至會有年輕的仰慕者。不敢結婚主要的原因就是因為她害怕自己在感情中受傷，因為對感情專情的這位女醫師，總是需要用很多年的時間，來療癒自己感情上的傷痛。逐漸的，她對於愛情慢慢地猶如「一朝被蛇咬，十年怕井繩」的恐懼。只要是有追求者的靠近，那位女醫師都會害怕自己會在感情中受傷。女醫生告訴我，她從小到大很少失敗，但是在感情的失敗，讓她對人生有質疑。

由此可知，在分手之後，如果對於過往戀情的傷害無法釋懷，就會在心中產生一種「受害者」的心態，這種心態雖然沒有影響到日常生活，卻會在生活中產生「自我保護」機制，深怕任何的人事物，會在自己好不容易平復的心境中，又攪進無底的漩渦。這樣的心態與教育程度無關，與自己的情感因素有關。

要如何讓自己不會有「一朝被蛇咬，十年怕井繩」的恐懼呢？

不要刻意遺忘，只需要與過往記憶共處

對於過往的戀情，你不需要刻意遺忘，只需要知道如何與過往戀情的經歷共處。因為，當你刻意想要忘記過往的戀情，過往的戀情就會像緊綁頸部的繩索，會因為你的掙扎，而更加勒緊。

在愛情中，一定不可以落入過往記憶的捆綁，要知道過往的戀愛失敗，並不代表你

個人的失敗，因為，過往的戀情沒有修成正果，只是意味著兩個人的特質不適合對方。換句話說，沒有結果的戀情，只是兩個美好的個體，無法產生共鳴，因此只能以分手結尾。

單身的男女要知道，戀情結束，並不是代表你在愛情中失敗。現在的你需要做的是，在愛情中再接再厲，因為「愛」的本質，是必須建立在付出之間。如果你因為過往的戀情而封閉自己的愛情，那樣愛就會消失在你的生活，不是因為你不夠好，而是因為你不再付出，你也無法感受別人對你的付出。

因此，要有新的戀情，你必須在你的生活中與過往的記憶共存。因為唯有你完全地接受過往的一切，你才能避免自怨自艾。你只要在自己每日的生活中，增加新的美好記憶，就能夠不被過往戀情捆綁，也就不會感到過往的失戀會對你造成傷害，因為你已經有辦法與失落的過往戀情共處在你的記憶中。

要忘記過去最重要的訣竅就是：「不要在乎過往」！

不要在乎過往，就是忘記過去傷害最好的方式。很多人之所以會被過往捆綁，主要的原因就是把過往的點點滴滴，都視為自己為自己打分數的課題。但是，在愛情中，與前任戀人的點點滴滴，只是屬於「階段性質」，過去的戀情，並不會在未來複製，因為新的戀情中的對方，不是同一個人。

不要害怕未來戀情會有傷害再度來臨

很多人之所以不敢在分手後，再談一場新的戀情，主要就是怕傷害會再度來臨。因此，很多在戀愛中受傷的人，在新戀情中，有部分人會帶著玩玩的心態或者過度小心的心態，另一部分人則對新戀情抱著「可有可無」的心態。

「不要抗拒過去」，就是對於過往戀情最好的解藥。就像被毒蛇咬傷的人，只要能夠得到合適的血清就能解毒！但是，曾經被蛇咬的人，並不需要害怕傷害會再度來臨，

因為你從中可以學習到如何避免毒蛇接近。

每個人都有過去，刻意想要忘記過去的人，反而更無法忘記過去。

對於心中的負面情緒，不單是需要自我接受，而且必須自己療傷。這道理就好像是孩童學騎腳踏車，就算摔倒後傷痕累累，但是，在包紮復原之後，仍然能夠再次騎自行車慢行。

每個人跌倒，都知道要爬起來，然後把傷口醫治好，再次行走。但是，為什麼唯獨在感情上，不知道談戀愛如果失敗了，必須自我療傷心裡的傷口，而不是害怕再次受傷。這樣，就能繼續找到合適自己的對象。

只要在過往的戀愛中，學到經驗，知道自己的不足，同時認清對方的缺失，這樣就能讓自己未來的新戀情更好。只要在愛情中繼續接受挑戰，在新戀情的相處中，不斷地增加兩人美好的記憶，就能讓新戀情記憶的鮮明，淡化過往戀情的色彩。

改變自己對過往愛情陰影的看法

井繩之所以會被當作是毒蛇，就是看到井繩的人，把過去傷害的記憶過度放大，讓現在的生活被過去的「陰影」影響，因此才會看到井繩就「誤以為」是毒蛇。

一個在愛情中處之泰然的人，絕對不會有一朝被蛇咬，十年怕井繩的害怕。主要的原因就是因為那些能夠在愛情中「寵辱不驚」的人，知道愛情中，如果是對方辜負自己，那就不是我們自己的問題，而是對方的問題，因為，在人生中不是所有的問題都是圍著我們自己轉。很多時候，對方的行為表現，只與對方自身問題有關。

但是，很多戀人總是會把對方表現出來的行為，當成是一種陰影投射在自己身上，殊不知那樣的陰影，是對方自己心中的黑暗。但是，有部分戀人卻把對方心中的黑暗，轉嫁到自己的身上。

在愛情中如果要能夠做到「不被過往捆綁」，不讓自己侷限於「一朝被蛇咬，十年怕井繩」的恐懼，**最重要的就是要知道，過往戀人的行為與自己無關**。要知道在一段關係中的結束，當中的讚美詞與貶義詞，都不再具有任何意義。所以，千萬不要拿別人的過錯來懲罰自己。

前任戀人與你分手的理由，無論是用善意的言詞與你道別，或是以傷害的字眼與你分手，那都與現在的你無關，因為那一切都已成為過去。你應該要很慶幸不適合的感情結束，因為與其在結婚前就發現對方的無情，絕對好過在結婚後才面對伴侶的冷酷。

總而言之，在人生中，千萬不要緊抓過往的不如意，因為你的愛情，並不會因為你的「刻意記憶」過往戀情的痛苦，就不會讓戀情失望再次發生。有時候一段新的美好戀情，會因為你刻意記憶過往的傷害，讓新的戀情無法注意新的元素。因為一個過度害怕重蹈覆轍的人，會對於新戀情的戀人過度嚴苛，誤以為只要自己在新的戀情中，避免舊戀情的失誤，就會讓新戀情更好。殊不知新戀情的主角與過往戀情的主角不同。

要讓新的戀情更好，必須與過往戀情共存，但是，那樣的共存只是坦然的面對，不是刻意地記憶，或者刻意地避免。這樣你才不會讓過往的陰影，圍繞著你的生活。

對於過往感情的處理，就像井繩的使用，可以有繞頸的窒息，也可以成為捆綁重物的利繩。因為，同樣的物件，以「不同的方式使用與處理，就會產生不同的結果」，愛情亦是！

「一朝被蛇咬，十年怕井繩」的恐懼，只要你克服被咬的記憶，好好的自我療傷，就不會讓井繩的陰影，成為你傷痛的來源，這樣你的新戀情才能早日來臨！

7

要結婚，你／妳必須忘記過去的戀情

彭孟嫻給你／妳的愛情觀點：

作者：彭孟嫻 Jessica Peng

對於過往的戀情無法釋懷，並不是因為眷戀過去，而是害怕自己在前進的道路上再次受傷，因此小心翼翼地避免重寫過去歷程。

對於過往的戀情無法放下，並不是因為深愛前任，而是提醒自己在前進的道路上必須努力，因此加倍用心地希望創造未來佳績。

人生本來就是以「階段」組成，愛情也是一樣。過往的一段戀情，並不代表與現在或未來的戀情有任何關聯。所有的遺憾都屬於過去，任何的過去都無法讓自己的人生重寫，人只能忘記過去戀情，讓自己再度奮戰愛情！

人都喜歡熟悉的感覺，尤其是在愛情中，習慣的身影與特色，讓自己在愛情中似乎能夠感到特別的安全。

可惜的是，**我們在生活中所熟悉的人、事、物，常常無法如我們所預期的那樣穩定。這個時候人就會出現兩種選項，一種是遠離與自己預測相反的人事物，另一種就是繼續選擇自己熟悉的人事物。**

在愛情中也是一樣，很多人在戀情結束當下，都知道那是一段不適合的戀情，無論是自己主動開口分開，或是對方主動提出分手，大多數的人都知道不合適的戀情早晚都會無疾而終。但是，當中就有少部分的人，對於過往的戀情無法放手，因此才會有因為分手所出現的傷害案例。

很奇怪的是，**無論是什麼原因造成戀情分開，總是有一部分的人，對過往的感情無法釋懷。那樣的無法釋懷，並不是眷戀過去的戀情，而是在心中對自己諸多的審查，深怕自己在前進的道路上，還會再次受傷，**因此小心翼翼希望在現在與未來避免過去的錯誤重現，希望自己不會再經過一樣的經歷。

其實，分手的原因，無論當中是否有「不甘心」的成分，當一個人無法忘記過去，就會在前進的路上，不斷地證明自己。因此很多人會在分手之後，變得比以前更努力，試圖要讓自己知道，沒有對方，自己也可以過得很好。

雖然努力是人生中重要的特質，但是，如果努力的原因，是為了證明自己不會被過去的戀情打垮，就等同於把自己困在過去的記憶。雖然檯面上看起來是，現在的你過得比以前好，但是，檯面下的你自己知道，自己現在的努力，完全是因為被過去的記憶驅使，壓得自己喘不過氣。

當中少數人，會試著尋找類似過往戀人的對象，試圖證明自己的過去沒有判斷錯誤。**另一些人，因為害怕自己如果輕易忘記過去戀情的傷害，會讓自己的未來戀情再次受傷，因此害怕交往新的戀愛對象。**

我知道很多優秀的男女，一生沒有結婚，不是因為沒有合適的對象，而是在年輕時因為在愛情中受傷很深，因此刻意避免自己再一次投入愛情，並且告訴自己：一個人過日子也很好！

一位年近六十歲的白人女教授，總是會熱情地邀請學生在週末到她的家中聚會，每一個學生可以自帶食物或甜點到女教授家中，就算學生只是空手，那位女教授也不介意，因為她一定會準備相當多的食物，讓學生聚會享用。很多從別的國家到加拿大留學的學生，因為那名白人女教授的愛心，感到學校溫馨的凝聚力，而且剛到加拿大的大學生，也因為在白人女教授的聚會，增進了英文會話。而且在聚會完畢，女教授也會在英文論文方面，對學生們有相當好的指導。這樣一個富有知識的高雅女教授，很難想像會一個人生活。

女教授個性開朗，與我們這些學生分享過往愛情，原來她曾經在婚禮已籌備完全，並且已經付費禮服、禮車、婚宴場合之後，在結婚前的幾天發現她的未婚夫與自己最好的女性朋友有私下的戀情與床上關係。那時候，我年紀小，聽到女教授的故事，感覺內容怎麼好像電視連續劇。我驚覺原來電視連續劇的內容，有部分與實際人生真的有關聯。在那樣的對話中，有很多女教授的愛情觀、人生觀、價值觀。

原來，一位如此傑出優雅的女教授，也曾經在愛情路上走得如此受傷。那時女教授提到，之後很多次的戀愛交往，她總是會覺得男友可能會背叛她，也總是會覺得自己身邊的女同事以及女性朋友可能會橫刀奪愛。女教授笑笑地表示，有我們這些學生，她感到很快樂，不用面對不好的異性，也不用擔心女性朋友介入她的感情，因為她對異性沒有信任的信心。

在大學畢業之後，我回到學校參觀，再次探望她，她表示自己正在辦理領養手續，打算領養一名在亞洲念小學的殘障女孩。她也表示，可能之後她會提早退休，帶著領養的小女孩，回到加拿大中部她的故鄉。那時，我除了對她的愛心敬佩，因為有她，很多家在外地或者其它國家的學生在大學中有歸屬感。女教授的愛心領養異國的殘障女孩，更是讓人欽佩。但是，我永遠無法忘懷，她曾多次地提到，她在多次戀情傷害中的不快樂。原來，時間都過去了幾十年，那樣的過往記憶仍然跟隨著女教授，我深深地替女教授感到惋惜與心痛。

過往戀情的羈絆，容易讓自己在「愛」的空間與時間受限！

明明在愛情中，可以有機會認識好的對象，卻因為過往的記憶剝奪了自己對新對象的交往意願，也失去了與新對象的交往耐心。這樣的情況，就是現在的你，讓過去的你，制約了！

其實，這些侷限在過往戀情傷害的人，忘記在愛情的空間中，上天會一直給予我們機會，關鍵就在你願不願意接受。

要接受新的戀情，就必須忘記過去的戀情！要如何忘記過去的戀情？

認清愛情是有階段性的，過去戀情與現在戀情無關

優質對象出現，如果一個人侷限於過去，就無法打開心扉看到對方的優點。

一個侷限於過往戀情的人，就算出現新的合適對象，也只會看到對方的缺點，因為自己會緊抓過往戀情對自己的傷害，這樣就會讓自己在篩選對象的過程中，只有專注於對方的缺失。

在愛情相處中很重要的是，你必須把過往戀情的經驗，當成是下一次戀情注意的指標。從自己與過去戀人的相處方式的摩擦，學到在未來戀情中互相妥協與磨合的溝通技巧。讓自己在新的戀情中，能夠因為過往的戀情，體會到新的戀情的珍貴。

讓兩人的互動，能夠因為自己過往戀情轉變為日趨成熟的自己。因為，人生沒有可比性。**人生本來就是以「階段」組成，愛情也是一樣。過往的一段戀情，並不代表與現在或未來的戀情有任何關聯。**當過去階段的愛情吸引力失去，那些感受都已經在你的人生成為過去式。

經營現在的自己，避免讓過去戀愛瓶頸，演變為現在愛情的孤獨

現在的你需要的是把自己經營成自己喜歡的方式。

因為在愛情中，唯有自己喜歡現在的自己，才有辦法讓對方打從心中喜歡你。**因為，一個侷限於過去戀情瓶頸的人，容易陷入難搞的「孤僻」行為。**

在愛情中有些人表現出拒人於千里之外，或是表現出眼高於頂的孤傲，這樣的表現，其實就是讓過往失敗戀情捆綁現在自己的枷鎖，也是自己恐婚的元兇。

人常常會遺憾過去自己所做的決定。很多時候把自己的心思寄託於過往的遺憾，會出現一種自我質疑的狀況，會自問：「如果當時做出不同的決定，也許現在就有不同的光景」。

對於過往的遺憾並不能夠讓自己的現在或未來更好。人生在世不需要讓自己的心境

如此滄桑。因為，所有的遺憾都屬於過去，任何的過去都無法讓自己的人生重寫，人只能忘記過去戀情，讓自己再度奮戰愛情！

學會讓自己的愛情登峰造極

沒有任何一段愛情能夠百分之百的順風順水。侷限在過去的戀情，就會讓你恐婚、不婚。其實，要有新的戀情，就必須知道過往的戀情屬於黑暗，因為已經看不見未來。現在的戀情，才是屬於光明，因為看得是戀情努力的步伐。

人生必須讓自己不斷地往前走，不回頭，在愛情中也是。

想結婚，就必須知道如何在愛情中，具有往前行且不回頭的特質。這樣的道理就像攀岩一樣，如果你想往上攀爬，你就必須緊緊地抓住自己的繩索，完全不要回頭地咬牙攀升。

在愛情的前進中，本來就不是完全的快樂與完全的難過，過往感情的缺失，完全不需要放在心中，因為過去所走過的路，與你未來所要走的路不會重疊。除非，你自己要往後倒退，行走類似的道路。

總而言之，一個人對於新戀情的膽怯，有時候並不是因為你沒有遇到合適的對象，而是因為你讓過往的記憶阻礙了自己看清現在戀情的可能。

要有新戀情，就必須對愛情樂觀。一個侷限在過去戀情的人，就算想結婚也無法突破，因「過往」在自己心中占有太大的重量，會讓現在的愛情步伐沉重，無法往上攀爬。除非你自己完全卸下過往記憶的重量。

要結婚，必須要對結婚有念想，要對結束單身有渴望。一個想要有美好戀情的人，必須放下過往的包袱，讓自己能有更大的追尋愛情的動力。**因為「愛」有時候會沒有理由的降臨，你必須在心中騰出位置隨時接收。**

愛情的感受，必須猶如皎月的透亮，才能夠讓愛情的曙光照入。如果一個人因為過往戀情而產生愛情悲觀，那就永遠無法看到愛情的亮光，也就註定在愛情中永遠孤獨。要有新對象，你只需要「放手過去」！

8

重複類似的戀人，只會讓你／妳越來越害怕戀情

彭孟嫻給你／妳的愛情觀點：

作者：彭孟嫻 Jessica Peng

在愛情中，要分析過往戀情與戀人的優缺點，這樣才能在自己的愛情觀中對自己的需求有「正確定位」。

在愛情中，要自己補足生活與人生的不足點，這樣才能在兩人的新戀情對伴侶的要求有「正確期待」。

愛情的成功，不是用愛與包容就可以達到，而是需要避免找一個類似前任的戀人，因為不適合的類型，不是自己有毅力克服相處困難，就能夠修成正果。

如果現在問一下剛剛失戀的人，在過往的戀愛中學到什麼，大部分的失戀者都會回答：「絕對不要再選擇像前任一樣的人！」

但是，很奇怪的是，從我注意到的分手案例，大部分的人理智上都知道不要找一個與過往戀人類似的對象。可是，仔細觀察，說了這樣的話的人，在下一段戀情，常常又找了「類似前任」的戀人。

其實，愛情的道理很簡單，重複類似的戀人，只會讓你在愛情中越來越不順心。因為，**遇到不對的人，結果就是不對的。就算你處心積慮地希望用自己的力量，把錯的人改為對的人，答案一定事與願違。原因就是：人很難改變自己，就算是暫時改變，也只是短暫妥協。因為就算現在你再找一個類似的人，你仍然還是一樣的自己，而不能與你相處的類型，還是一樣不能與你相處。**

我認識一個女律師，個性溫和又善良，並不是刻板地果斷與理智。但是，每次她選擇的對象總是找甜言蜜語的男士。其實，在愛情交往中，甜言蜜語沒有錯，但是，甜言蜜語需要有穩定行為來支撐。問題是她交往的對象，對誰都甜言蜜語。

我曾經在工作的場合遇到她的交往對象來接她下班，但是，她的交往對象對我以及其它女同事，都一樣甜言蜜語。那樣的甜言蜜語表達，並不是商業上的禮貌，也不是朋友間的客套，而是曖昧似的放電，以及輕佻的行為。當時，我曾經提醒那位女律師，可是，她不以為意，因為她表示那位交往對象「在言語中相當肯定她」，讓她平淡的生活，增加許多快樂。但是，沒有多久女律師的那位男朋友，很快就移情別戀了。之後，她也迅速地再次戀愛，交往的還是類似的甜言蜜語型。

會選擇與前任類似的戀人，問題到底出現在哪裡？原因就是沒有釐清自己在愛情中的需求

很多人在過往愛情中跌得鼻青臉腫，沒有看到前任與自己衝突的「糾結點」。那位個性溫和善良的女律師，很在乎交往伴侶要帶給她快樂，因為那位女律師在生活上與經濟上能夠自給自足。但是，當中的錯誤在於，那位女律師潛意識期望交往對象能夠補足

她在工作與生活上的枯燥，因此誤認為一個能夠在言語中肯定她的人，就能夠給她快樂。

其實，生活中的快樂要由自己內心而來，而不是由交往對象的言語與行為而來。**愛情的存在，不可以仰賴交往對象來彌補生活中的不足，而是需要自己在心靈與生活自給自足。**如果女律師認為自己的生活枯燥，應該自己尋求喜歡的愛好與事物，並且加強自己內在心靈穩定的特質，而不是期望對方來補足。因為，**期望對方補足自己人生的人，就很容易在愛情中重複類似的錯誤戀人。**

因此，要如何避免自己在愛情中重複選擇類似的戀人，就顯得相當重要。因為，一個能夠分析自己過往的人，才能讓自己知己知彼，進而擁有順利的新戀情。

要分析過往戀人與戀情的優缺點

當一個人能夠分析自己過往戀人與戀情的優缺點，就能夠在自己的生活與人生有一

個「正確的定位」。

這樣的愛情定位，就是在自己的時間與空間中，找到「適合自己的愛情位置」。因為人在愛情中，總是有太多激情與幻想。如果沒有正確分析過往戀情的失敗，就會讓自己再次以過往的錯誤模式，傻傻地再次戀愛。

戀愛的痛苦，是可以避免，如果你知道哪一類的戀人不要接近。

很多急於覓得愛情的人，見到愛就失去理智。常常遇見一個新的對象，就莫名其妙地愛上，因為感到似曾相似的熟悉，就「誤以為」那是前世帶來的因緣，因此常常不加思索，就認為這次的對象，肯定比前任更好。**殊不知，愛情的成功，需要的是找一個能夠和睦相處的人，而不是自己「認定」對象後，就希望能夠在兩人的交往中，克服愛情中的瓶頸。**這樣的情況，就好像是坐在地上看月亮，誤以為月亮就是皎潔的淡黃色，而忘記月亮其實就是灰暗的星球。

重複類似戀人的男女，很容易藉由自己的努力，把最好的一面呈現給對方。但是，在愛情的相處中，如果你沒有選擇一個合適自己的優質對象，無論你如何努力呈現最好的自己給對方，對方也看不到你所呈現的最好。因為，你所認為的「好」，並不是對方所認為的好。

不要躲在傷痛之後，過去戀人之成為過去，就是因為不適合你

很多重複類似戀情的人，會慢慢地越來越害怕愛情，因為自己必須面對處理心中積累的傷痛。

很多人面對愛情的傷痛，會選擇暫時忘記。但是，傷痛的記憶像無影蹤的魔鬼，會在你最脆弱的時候，忽然從你的腦中跑出，然後狠狠地攻擊你的內心感受。

所以，躲避根本不是治療過往戀情傷痛的好方法。要知道愛情遇到的難處，是沒有辦法事先規畫，躲在過往傷痛後面，來逃避新的愛情，雖然可以暫時不用處理傷痛，但是，這樣的逃避，也讓人失去了愛情的美好。

要有新的戀情，需要主動面對愛情真相，才是更客觀地看待戀情。

一個無法忘記過去戀情的人會不斷尋找類似的人，試圖要證明自己的過去沒有判斷錯誤。也期望能夠藉由類似的新戀情「改寫過去」。其實，每個人都有過去，過去不需改寫。停止在自己的思想上折磨自己，也停止在行為上重複犯錯。

不可重複類似特質的戀人，因為那是「容許」自己再次犯錯

俗話說：聰明的人從別人的失敗愛情學習，次聰明的人從自己的失敗戀情學習。所以，如果一個人允許自己在愛情中，一再地選擇類似的戀人，那就是最笨的人。

我在婚姻調解庭中看到很多離婚案件，有些當事人分享自己的第二次婚姻與自己的第一次婚姻所遇到的情形類似，其實，這樣的感情，在交往的當下就可以看出端倪。但是，在第二次婚姻選擇類似前任對象的心態，其實就是默許自己再次接觸類似的人事物。

殊不知，你還是一樣的你，類似前任的對象就仍然會具有類似的相處衝突。

但是，讓人驚訝的是，在婚姻中，經歷「多次離婚」挫折的男女，都了解自己與對方不適合的部分。在離婚調解的過程中，當我問到當事人：「你對於你的伴侶，有哪一些覺得不滿的訴求？」每一個當事人都能滔滔不絕地數落對方與自己不適合的地方。但是，自己卻允許自己重複類似經驗，所以才會演變成多次離婚。

這就像一個缺水的人，明明可以在山川之間取得源源不盡的水源，卻又傻傻地靠近仙人掌，試圖在仙人掌身上取水。當一個人靠近多次的仙人掌，怎麼可能不被扎傷？

總而言之，在愛情中之所以會接連失敗，就是沒有認清在新的戀情要避免接觸與過往戀人類似特質的對象。因此，天真地認為：在愛情中「哪裡跌倒，就在哪裡爬起」！那些對於愛情有傻勁的人，誤以為愛情真的可以做到「哪裡跌倒，就在哪裡爬起」。

如果不知道如何分析過往失敗戀情，就無法篩選對象，最後的結果竟然是「跌倒後，摔得更厲害」！原因就是沒有理智分析過往戀情失敗的地方，因此要了解自己的個性，

需要搭配哪一類的戀人，才能夠有好的相處模式。

在愛情中之所以會重複類似的戀人而導致失敗，不是因為你不夠聰明，而是你不知道如何避免找同類人。過往的戀情會分手，就是當中有很多不適合雙方的相處難處。面對一個無法正視你的好的人，你將會在愛情中因為對方的否定，而讓你越來越害怕愛情。

人生就像一條流水，不需要逆水而行。無論你走過的彎道有多難，過了就過了！你毋需要再次挑戰類似路線，有時候順著上天指示的方向前進，接受已經發生的一切，才會有新的風景。

9

過多與過少的付出，都無法點燃愛情的火花

彭孟嫻給你／妳的愛情觀點：

作者：彭孟嫻 Jessica Peng

愛情的基礎，最重要的就是適度的理智，可惜的是，很多單身的男女，認為愛情的開頭，最重要的就是要有「怦然心動」的感覺，殊不知那樣的怦然心動，常常是心痛的源頭。

愛情的火焰，最重要的就是適度的感性，可惜的是，很多單身的男女，認為愛情的理智，最重要的就是要有「生死相依」的感受，殊不知那樣的生死相倚，常常是愛情的幻覺。

在愛情中，真正的理性與感性，必須建立在選擇一個「互相珍惜」的人，因為一個懂得珍惜你的人，會在愛情中以理性與感性的並用，來成就兩個人的未來。

有沒有想過，為什麼付出很多，但是卻無法得到對方的感動？有沒有想過，為什麼看似穩定的戀情，對方卻認為你付出不夠？

其實，在愛情中，過多與過少的愛情本來就無法產生火花！

這樣的道理就好比在戶外露營生火的當下，過多的煤炭，很難讓固定的火苗點燃；過少的炭火，也無法持續地讓火苗延續。要能夠有溫暖的爐火，要避免熊熊烈火，也必須避免柴火不夠。

「愛情」是特別的兩人互動，太多與太少的互動都無法持續。火熱的一夜情或者短戀愛，並不是真愛的互動，因為真愛必須用時間來考驗。一夜情或短戀愛猶如飛蛾撲火，就算沒有燒得粉身碎骨，也容易在頻換伴侶的過程中迷失。相對的，火山孝子型的過度付出，容易淪為工具人的角色，活在對方的支使之中。

愛情的基礎，最重要的就是適度的理智，可惜的是，很多單身的男女，認為愛情的開頭，最重要的就是要有「怦然心動」的感覺，殊不知那樣的怦然心動，常常是心痛的源頭。

在愛情中，付出「過多」的「討好型」交往模式：

會在怦然心動中盲目喜歡對方的人，如果如願與自己怦然心動的對象交往，常常就容易落入愛情「討好型」的交往模式，我在求學階段與工作階段，都看過相當多的朋友與同事在愛情中為了自己怦然心動的對象「過度」付出。

在我學生時代，有一個中日混血的女孩，是一個性格相當溫馴，家務廚藝一流，並且擁有音樂碩士的好水平。那位女孩常常在晚上打電話給我，因為她的男友總是在答應到她住處吃晚飯之後，卻又沒有通知的爽約。當時，我幾乎每一天都會接到她的電話抱怨男友不把她當一回事。可是，無論我怎麼好言相勸，希望她把與男友吃飯的期望改為與女性朋友的群體聚餐，我也極力鼓勵她到慈善團體表演音樂以轉移她對於男友的關注。但是那位「過多」付出的好女孩，還是死心塌地地在生活中以男友為重心。可惜的是兩人於畢業前夕，那位女孩的男友毅然決然地分手。

在愛情中，付出「過少」的「自私型」交往模式

相對的，不少在愛情中「過少」付出的「自私型」交往模式，這類人會把對象當成工具人，也就是有事情的時候，需要對方隨傳隨到，而且對於對方的付出完全視為理所當然。我曾經在念法律的時候，認識一名韓國女孩，在韓國法律系博士畢業，之後到加拿大就讀法律顧問，希望畢業之後能夠以法律專業，拿到加拿大移民。她的男朋友是一名高大帥氣的韓國帥哥，更讓人覺得很棒的是：那位韓國帥哥，是韓國的大財團電訊研究員，為了女孩外派到該公司位於美國的研究中心，以方便到加拿大探望女友。但是，那位韓國法律女博士，總是在男友從美國飛到加拿大探望她時，對男友不理不睬，只是囑咐男友到韓國超市幫忙買一些韓國醬料，因為韓國法律女博士平日沒有時間購物，因為她是我們當中的讀書狂，優點是資優又努力，缺點是自大又自私。這樣的戀情，在我們法律科系畢業典禮中，沒有看到法律女博士的男友出席，之後沒有多久就聽到她的男朋友與她分手。

所以，選擇一個懂的「互相珍惜」的戀人，來避免愛情付出的「不等量」就變得相當重要。

選擇一個以「望遠鏡原理」對待愛情的人，而不是選擇一個放大鏡原理看待愛情的人

有些人在愛情的開端，不在乎對方有沒有愛自己。但是，人的耐心是有限度的，如果你所釋出的火苗，在長時間都沒有看到火焰，慢慢的你就會對所愛的人有埋怨，甚至會開始感到不情願付出，因為當中的愛情付出不等量。

因為，人在不停地付出之後，會對愛情感到疲憊。無法得到對方正向回應的愛情，不算愛情！就算你是一個有耐心的戀人，也一定無法繼續付出，因為對方的冷淡，會讓你們的愛情無疾而終。

選擇一個懂得互相珍惜的戀人，能夠讓自己與對方都以「感謝」來看待對方，這樣的視野會讓兩個人看到長遠的未來，這就像是兩個人持有「望遠鏡」，看到目前目光無法所及的景象。

相對的，在愛情中一定要避免找一個小題大作的人，因為在生活中吹毛求疵的小題大作，就如同與一個整日手持「放大鏡」的人一起生活，無論是生活的任何事情，都會被對方過度放大。因為小題大做的人，通常都很自我，這樣的人不懂得如何在愛情中珍惜。一個不懂得珍惜你的人，就會在生活的細節中批判你。

選擇一個在愛情中以「放大鏡」心態生活的人，會以極嚴苛的生活規格來審視你。隨著時間的增加，你就會覺得兩個人的愛情受到約束與限制，因為對方沒有顧慮你的感受。

選擇一個有「同理心」的對象，才能讓愛情等量付出

有「同理心」的對象，會在愛情中考慮你的立場。你就不需要過度付出，也就不會讓自己因為戀愛而感受情緒波動。

因為，愛情的「不確定」性質，讓很多戀人在愛情中過多或過少的付出，造成談戀

愛時對於愛情的惶恐。**所以選擇一個有同理心的戀人，不需要你時時取悅對方，你只要認真地對待對方，就能夠讓對方感受到你的好。**

嚴格來說，你不能縱容一個沒有感受到你的好的人！一個有同理心的戀人，不會讓你的付出成為「理所當然」。

要結束單身生活，最重要的就是能夠看到兩個人的未來。一個有同理心的伴侶，才能夠體會你的好，這樣的愛情火花，才能由現在持續至結婚，甚至延續至結婚之後的日子。

選擇一個「不會現實」的對象，才能避免你在愛情中過度付出

現在的社會對於金錢、物質、享受，都過於追求。雖然金錢的追求是生活所需，所以，對於金錢追求適可而止其實是無可厚非。但是，一個人如果太重視金錢與物質享受，就會出現眼高手低的做法。

當你遇到一個金錢至上的戀人，無論你如何「真心」付出，都敵不過對方看待「物質」的熱火。

交往一個現實的對象，會讓你在生活與工作中造成無法喘息的忙碌，因為對方無止盡的物質慾望，逼迫你必須在金錢的深海中茫茫地追尋。更可悲的是，很可能你已經竭盡一切的努力賺錢，對方還嫌你的收入太差，因為對方對於金錢價值的偏差觀念與慾望，會讓你陷入一種無論你怎麼努力，也永遠無法與富裕人士相比的痛苦。

在愛情中遇到一個對於金錢過度追求的人，絕對會讓你的戀情無法持久。因為一個很重視金錢的人在愛情中所看重的是對方的經濟條件，當對方經濟狀況下滑的時候，重視金錢的伴侶，就會離你而去。

在戀愛中，選擇的伴侶，需要有理財的觀念，需要知道金錢的賺取，以及需要注意金錢的花費，這樣才能避免兩個人因為對金錢的理念不同，造成愛情火花的熄滅。但是，如果你選擇的伴侶，在人生中，對於金錢有「過度」追求與「過度」花費的現象，那麼那樣的伴侶，就會在進入婚姻生活後，看到別人婚姻較好的物質生活，就對自己婚姻所擁有的一切，感到不滿意。

總而言之，要在愛情中能夠讓愛情火花持續，就一定要以上述三點作為選擇對象所需要注意的部分，這樣才能讓你避免成為愛情的受害者或者愛情的加害者。除此之外，懂得掌握愛情付出的多寡，這樣才能讓你掌握愛情的火苗。

要點燃兩個人的愛情火花訣竅就是：兩個人的付出要「對等」，不是指付出項目要對等，而是指相處的對等，必須體現在兩人要有「願意付出」的行動，以及「感謝對方」的心態。

其實，在愛情中想要找到合適的對象沒有那麼難，不可諱言，與異性理想的相處，常常會讓單身男女無所適從，但是，如果你能夠在與異性相處時，不要盲目地投入，只要適度地控制愛情火苗多寡，不要讓對方認為你的付出是理所當然，也不要讓對方認為你在愛情中毫無熱火，這樣就能夠讓點燃的愛情火花持續。

10

過往戀情的傷害，在未來可以避免複製

彭孟嫻給你／妳的愛情觀點：

作者：彭孟嫻 Jessica Peng

愛情就是這樣的道理，當你著急地盲目物色對象，你就越無法「理智」過濾對象，因此看到一個外在條件不錯的人，就誤以為那是適合的對象。

愛情就是這樣的盲點，當你倉促地投入找尋愛情，人就越會用「直覺」選擇對象，因此看到一個世俗條件不錯的人，就誤認為那是一生的伴侶。

在愛情中，要避免過往戀情傷害的複製，你就不能「輕易愛」，也就不能「著急愛」因為，當你越急著找對象，你就越無法理智地過濾適合自己的對象。

受傷，你必須知道「為什麼」，同時，你也必須知道「如何避免」再次受傷！

在愛情中也是一樣的，你必須知道自己在過往戀情中所受的傷害，要知道下一次的戀愛機會，該如何避免在愛情中再次受傷。

對於愛會感到受傷，主要的原因，不是對方，而是「自困」！

因為，時間雖然可以忘記過往感情的傷痛，但是過往的一切不可能像文字檔案一樣，只要按了刪除就可消失。在愛情的世界裡，只要愛過。那麼當中的愛恨情仇，喜怒愛樂，在一個人的記憶就很難抹滅。

時間，通常只能「塵封」過往的記憶。但是，時間也可以讓一個人忘卻過往記憶，而以「新」的人、事、物，取代塵封的記憶。

一個人之所以不再埋怨另一個人，並不是因為時間而忘記過去，只是因為時間給予自己新的事物，讓自己以新的記憶填補過往的傷痛與缺口。因此要忘記過往戀情的傷害，最好的方式就是創造新的人事物記憶，並且知道「新」的人事物，一定不可以與過去類

似，這樣才能避免複製過往的情傷。

一位女工程師與自己的男朋友是大學班對，畢業後與自己的男朋友進了世界頂尖的一家飛機研發公司，因為公司研發的地點在加拿大的一個小城市，所以兩個人更是生活與工作完全地綁在一起。雖然兩個人都是工程師，但是負責的項目不同，因此，在不同部門工作，也可以讓兩個人有些許喘息的個人空間。

很快的，兩人在飛機研發公司工作三年後，雙方家長催促結婚，雖然兩個人當時只有二十五歲，但是雙方家長認為兩個人在加拿大的小城鎮，早點結婚可以名正言順地有個照顧，而且兩個人從大學就開始交往，因此也算對彼此有相當了解。

這個時候，男方忽然表示不願意結婚，男工程師表示自己已經拿到美國一家著名工程公司的工作機會，而且位於美國的跨國工程公司已經著手在幫助男工程師辦理到美國的工作簽證。那個時候，女工程師生氣地質問，為什麼沒有告訴她，這樣她是否應該要趕快辦理到美國的簽證，女方同時希望男方詢問美國的工程公司是否還有對內應聘的職務。

但是，男方表示自己是一個人要到美國，因為他在美國已經有了新的女朋友。男工程師表示，他與女工程師的個性、興趣都不同，無論是生活觀與價值觀都沒有共識，男工程師表示，兩個人雖然形影不離，但是，卻常常吵架。

那時女工程師幾乎崩潰，她實在無法了解她的男朋友怎麼會有時間與機會交往另一個新的女朋友。男工程師表示，他在工作之餘，常常以網絡和新戀情的女孩聯絡。這其實應證，如果一個人想變心，就算拴在身邊，會變心的人就還是會找機會兵變。

最後男方坦承，他的新女朋友也是校友。男工程師表示，自己在大學時期參加社團時，已經相當喜歡那位讀商科的女同學，但是那時候那位念商科的女同學有男朋友。之後，那位商科的女同學到美國念碩士，畢業後留在美國工作，那位商科碩士表示自己很寂寞，因此男工程師竟然願意離開與自己交往多年的女工程師，到美國尋找他在大學時期暗戀的女孩。

那時，那位女工程師幾乎崩潰，留職停薪，無法上班，我們所有的好朋友輪流陪伴她，深怕她會因此想不開自殺，因為她是一個對感情用情很深的人，她的父母都真摯地懇求我們這些校友，能夠開導她的女兒。我親眼看著一個什麼都喜歡吃的女性朋友，變成一個什麼都吃不下的「愛情受害者」。兩位工程師將近七年的感情，忽然之間化為雲煙。

但是，可喜的是幾個月後，女工程師朋友猶如脫胎換骨，積極返回工作，並且投入戶外越野車的訓練，很快地她在越野車隊中，認識一個銀行高階主管，因為，該銀行也積極地舉辦越野車的活動，並且該銀行都是活動贊助方。女工程師並沒有很快地投入愛情，但是，也願意敞開心懷讓「新」的追求者在自己的生活中注入「新」的活水。

不到一年，我們這些校友好朋友都收到喜帖，並且參加女工程師的婚禮。那場婚禮，工程師女孩眼眶泛淚，我可以感受，那是用極深的痛苦換來極深的感動。由女工程師濡染的雙眸，我看出一個在「愛情的受害者」，因為自己的堅強與理智，把過往的情傷自我醫治，並且為自己謀得幸福與滿堂喝采，是避免複製過往傷害最好的典範。

人，在感情中經歷過痛苦，其實是值得慶幸的，如果你懂得如何記取當中的感情痛苦，並且運用它！

愛情就像飲水，就算乾渴，也不可以喝髒水

對於愛情的渴望，有時候會出現猶如行走在沙漠中的無助，相當地疲倦與乾渴，極度的想要尋求水源。因此，看到海市蜃樓，有時候會有幻覺地誤以為那是綠洲。就算是真的看到綠洲，在飢渴的狀態下，也很難理智地看得清綠洲當中的水源，是否乾淨符合飲用。

愛情就是這樣的道理，當你越急著找對象，你就越無法理智地過濾交往對象，因此看到一個條件不錯的對象，就誤以為那是適合的對象。所以，常常忘記用長時間來了解，就一股腦地栽進去新戀情。之後在交往的過程中，才驚覺交往的對象怎麼與自己過往交往的戀人類似？

其實，倉促地投入一段愛情，就是用「直覺」選擇，而不是用理智選擇，因為，有些人會讓你感到怦然心跳，帶給你一種似曾相識的感覺，因此你就盲目地投入新戀情，結果當然容易受傷。

在愛情中，如果因為過往的傷害，讓自己很想「迅速」投入新的愛情，其實那是很危險的，因為，過急的愛情，會讓自己看不清愛情中的質量。唯有你確定愛情水源的質地清澈，你才得以避免誤飲充滿雜質的水源。

要記得：愛情就像飲水，就算乾渴，也不可以選擇飲用充滿雜質的髒水。

要清楚自己在愛情的死穴

很多人平日算是精明，但是，遇到愛情就像腦子浸水，完全沒有任何邏輯思考的功能。

在愛情中不會複製過往戀情的傷害，必須清楚地知道自己在愛情中「要什麼」以及在愛情中「不要什麼」！

很多人在每段失敗的戀情，總是不知道「為什麼」自己總是受傷？其實，愛情之所以會失敗，有很多時候是因為自己總是以一個人的外在條件作為選擇戀人的依據。對於感情，一個適合與你結婚的人，最重要的是內在人品。

愛情要成功，一定要理智分析自己的弱點，也就是要知道自己的死穴，然後避開那些死穴。千萬不要把自己當成一個「明知山有虎，偏往虎山行」的傻子。

總而言之，**千萬不要在愛情的開端，認為自己可以為了對方放下自己的自尊，來配合對方，因為假以時日直到結婚，你會發現當初認為自己可以配合對方的動力，就會變成你未來無法承載的阻力。**

在愛情中要避免過往戀情的傷害，你就不能「輕易愛」，也就不能「著急愛」。因為一段好的戀情需要用時間來觀察。不能用自己的善良餵養對方的自私，也不能用自己的單純餵養自己的空虛。

要避免受傷，就要做到理智的選擇。在愛情中沒有所謂的選擇困難，只有所謂的縱容錯愛。**分手，有時候只是兩個美好的個體，因為交集後所產生的不合適，自願或被迫**

分開。為的只是讓兩個美好的個體，能夠因為分開，而成就未來更合適的另外個體與自己。讓自己在生活中，因「分開的經歷」，而有更好的下一段人生經歷。

這樣的分離，常常是必須在心中經過「自困」的痛苦，才能衍生為「破繭」的蛻變。

人，在愛情中所經歷的傷痛，並不會因為時間而達到自然修復的全新狀態。人，在愛情的蛻變之間，一定要靠自我毅力的推動，才能在自己的思想與行為中，產生自我規範的要求，來做到自己改變。這樣，才能真正地在改變的過程中，達到「蛻變」。

Part 3

選出極品對象，請淘汰爛男、爛女

11

淘汰愛情的劣品，你／妳可以選擇的對象就是最好的

作者：彭孟嫻 Jessica Peng

彭孟嫻給你／妳的愛情觀點：

在愛情中，一個無法控制自己情緒的人，如同脫韁野馬，因為「控制者」會把自己的行為「合理化」。

在愛情中，一個順服對方控制自己的人，如同牽線魁儡，因為「依賴者」會把自己的行為「完美化」。

關於愛情，「控制者」與「順從者」的關係，其實是「互存悲劇」。如果你遇到的對象是具有控制特質的恐怖情人，那麼兩人雖然有緣，也一定要認清那是一段需要淘汰的孽緣！

在愛情中真心付出的人，有時也會遇到爛男、爛女；渣男、渣女。在愛情的劣品中，最危險的就是控制型的恐怖情人，因為在愛情中，控制者的行為不單是會影響交往對象的身心靈，更可怕的是，恐怖情人可能會讓交往對象命喪黃泉。

那些在戀愛中把自己當成「控制者」的人，他的心中在想些什麼？那些在戀愛中甘心被當成「順從者」的人，他的內心又是面對什麼樣的衝擊？

妥協與順從，其實必須建立在「理智」的狀況下

很多人平日算是精明，但是，遇到愛情就像腦子浸水，完全沒有任何邏輯思考的功能。

如果，對方是一個情緒無法控制的人，你的妥協與順從，就會讓對方覺得理所當然，甚至得寸進尺。因為，一個無法控制自己情緒的人，不知道自己的情緒已經如同脫韁野

馬，因為「控制者」會把自己的「行為合理化」。

相對的，一個願意成為「順服者」的聽話人，在愛情中是非常「害怕失去」。很多在感情中被控制的人，其實都知道自己所面臨的難處與狀況，但是，仍然還是一直順服於控制者，深怕自己沒有按照控制者的指示，愛情可能就會消失殆盡。要知道在愛情中，淘汰愛情中的劣品，不是狠心，而是必要。

如果說愛情是一種選擇，那麼你需要理智選擇淘汰恐怖情人，而不是把自己當成愛情的聖人無條件奉獻，因為在愛情中，面對野蠻與霸道的交往對象，你必須保護自己。

兩個人認識自然是有緣，但是，這並不是代表，一定要把兩個有緣人變成愛情眷侶。如果你遇到的對象是恐怖情人，那麼兩人雖然有緣，也一定要認清那是孽緣！

你／妳如果愛我就必須聽我的：

在狂風暴雨的颱風天，女朋友任性的一定要男朋友出去買披薩，但是，男友好言相勸告訴女友：「因為天氣不好，是否可以叫附近的外賣，這樣就不需要在颱風天外出」。可是，任性女友還是堅持男友必須外出買披薩，所以男友只好勉為其難，冒著狂風暴雨外出替女友購買披薩。

過了一小時之後，男友回到女友住處，手裡拿著盒裝披薩，這時我們猜想任性女友應該會很高興了吧？

可是，那位任性女友，打開披薩的盒子一看，不滿意，因為那不是她想要吃的那一家披薩。因此，那位任性女友大吵大鬧，最後衝到廚房，拿起刀子，做勢要把刀刺向男友。在當下，男友本能地希望制止女友，所以與女友搶奪刀子。

可怕的是，刀子在兩人爭奪之間，由女友的手中刺向男友的心臟部位。女友驚覺事情嚴重，將男友送醫急救，但是男友送到醫院之後已經回天乏術。一條年輕的生命就毀在那樣的野蠻女友手中。

這個案例，是一則真實的新聞事件，發生在多年前的颱風天，這則新聞常常浮現在我的思想，因為只要我訂購披薩，就會在腦中浮現這則新聞。除此之外，無法忘記這則新聞的主要原因是這樣的事件，很多戀愛中的男女可能會遇到，因為「野蠻對象」無所不在。

為什麼這個故事的男主角會如此縱容野蠻女主角，主要的原因就是不知道：**「愛，不可以縱容對方的不可理喻；愛，必須保護自己的健康安全」！**

我們很難揣摩此案例女主角傷害男朋友的「動機」，也許是無意，也許是刻意。但是，無論拿刀行刺的動機是刻意還是無意，很明顯地，這樣的野蠻女友，根本不應該在一起。

因為失控的個性，就像一顆地雷，你根本就不知道那樣的地雷，什麼時候會爆炸。

部分連續劇對於「野蠻女友」、「霸道總裁」會過度的美化。其實，實際的生活，野蠻的個性與行為，以及霸道的想法與做法，都只會讓愛情意義失焦。因此，太多年輕男女誤以為，野蠻女友與霸道總裁型的交往對象，能夠讓人在心中有一種特別的激情，殊不知那樣的野蠻與霸道，會控制你的生活與言行舉止，甚至會危害你的生命。

在戀愛中，**雖然人無法知道對方的內心，但是，你一定可以把對方在與你相處的言行舉止「歸納分析」**，因為，一個任性的對象，心中的「需求」一定與他的過往有關聯。這樣的內心需求，不是身為其戀愛對象能夠完全了解。

要知道在戀愛中，你扮演的角色是戀人，不是心理諮商師。你可以聆聽交往對象的心事，但是，你無法改變交往對象的想法。就算你試著了解對方的原生家庭、成長背景、過往感情、交友狀況，解決對方心理障礙也不是你有辦法勝任，因為，你與交往對象屬於親密伴侶，一個具有野蠻與霸道特質的對象，不會對你在心防上示弱。

當你面對一位個性任性的對象，就算你的表達婉轉，對方也會氣勢凌人。**面對任性戀人，你無法以「講道理」的方式讓對方了解。你能做到的就是「保護自己」。並且需**

要知道如果對方的情緒失控，你必須要趕快逃。因為，面對情緒無法控管的戀人，不是你用耐心與愛心，就能改變對方。

如果「控制者」與「順服者」在相處的當下，周遭還有其他人存在，控制者通常會略微控制自己的情緒。但是，如果「控制者」與「順服者」兩個人單獨相處，常常就會出現，控制者會以「強制」、「壓迫」、「威脅」來控制順服者。

就像我在許多婚姻調解的過程中，夫妻兩個人坐在同一間會議室，有我與其他律師們在場，當事人大多數都還能控制情緒，失控的狀況頂多只有大聲咆哮與站起拍桌，或是轉身示意要離開，並且強調不願意繼續離婚調停。可是，在離婚調解庭中場休息時，只要有離婚的夫妻單獨在走廊的時候，就會**出現一方試圖以壓倒性「大聲強制」，或者「威脅恐嚇」地以「控制者」立場，來逼迫對方「聽話」，這就是典型的「權力不均」(Power Imbalance)的婚姻關係。**

因此，此文的單身男女案例，男友根本無法說服女友颱風天外出購買披薩是危險的。而女友也因為兩個人的「獨處」就是無忌憚的為所欲為。說真的，面對這樣的任性女友，男朋友一定要堅持說「不」！

在愛情中沒有所謂的理所當然！一個在愛情裡會傷害到你的人，就是一個需要淘汰的恐怖情人。

當你面對一個「控制者」，如果你的付出越多，你就會隨著時間的增加變得萎靡不振。因為，你在愛情中的付出，不會得到控制者的感謝，通常控制者對於你的付出只會覺得理所當然。

因此，要如何面對一個任性的失控男友或女友呢？

答案就是：趕快逃之夭夭！

要知道在愛情中，**面對一個任性的交往對象，不是你付出越多，對方就會越愛你。有時候，相反的，因為對方認為你付出多好控制，沒有自己的主見，因此就會更不珍惜。**

有沒有經歷一些朋友，對你講述自己的男友或女友，有多可惡、有多喪心病狂。這個時候，你可能不只是聆聽，甚至會使盡全力說服朋友，一定要離開可怕的任性控制者。但是，沒有多久，你卻發現自己的朋友又回到控制者男友或女友的身邊。

因此，對於這種「控制者」與「順從者」的關係，就是「發號施令者」與「聽話者」的生活悲劇。

如果一個聽話者，能夠做到面對一個對「控制者」的發號施令不理不睬，那樣控制者的氣焰就無法繼續。但是，**有一些高度控制者，對於戀人的冷淡，會變得具有殺傷力，這個時候，你必須小心地與對方斷絕聯絡，千萬不要面對面地說分手，也千萬不要當面指正對方對你的傷害，因為你要離去的行為，會讓你更加危險。**你必須找幾個比你年長有經驗的人，協助你逃離會傷害你的控制者，而不是傻傻地受制於「控制者」。

在愛情中淘汰會傷害你的對象，你可以選擇的愛情伴侶才會是好的。

一個人在愛情中的「韌性」不是體現在順從一個控制狂的行為。因為，一個人在愛情中的「韌性」必須學習跟任性的控制者說「不」。

12

再好的條件，只要嫌棄你／妳，就該從你／妳的愛情堡壘淘汰

彭孟嫻給你／妳的愛情觀點：

作者：彭孟嫻 Jessica Peng

單身男女，選擇對象，一定要選擇「全盤接受你／妳」的人。當兩個人認定的觀念不在相同的點線面，就是不適合。因為，真愛，必須喜歡對方的優點，也要接受對方的缺點，千萬不要找一個戀人來「改造」。

單身男女，選擇愛情，一定要選擇「全面欣賞你／妳」的人。當兩個人決定的事件不在相同的高低面，就是不適合。因為，真愛，必須認清雙方的特色，也要認清雙方的生活，千萬不要找一個戀人來「塑造」。

因為，愛情是有生命的，無法雕塑與改造。如果發現交往的對象，總是不停地嫌棄你，就算對方的條件超級好，也要早早遠離這樣的交往對象。

在戀愛或婚姻中，希望找到「完美」條件對象的想法，是不切實際的。因為，在愛情中，條件極好的對象，就算讓你怦然心跳，也不見得能夠讓你相處愉快。通常條件極好的人，對於交往的對象都有特定的要求，在愛情的城堡中，與條件極好的人相處，不是公主所穿的玻璃鞋是否合腳，而是極好條件的王子能不能「持續不變」地欣賞穿著水晶鞋的公主。

在戀愛的過程中，有些戀人會不斷地要求對方改變，因而讓愛情受損。因為，人都是不喜歡被人逼迫。不斷企圖改變對方。就會讓對方感受壓力，並且認為自己的伴侶不滿意自己。因此，兩人的愛情就會慢慢淡去。

在交往中，「正面的改變」是好的。只是，改變的動力必須是來自於自己，而不是對方

很可惜，有一些相當匹配的男女朋友，過於要求對方進步，最後只有分道揚鑣。

要建立適合自己的愛情城堡，就一定要選擇一個「相處愉快」的伴侶！

不要在愛情選擇的開端期望自己的戀人是「極品」，因為你所認為的極品對象，如果與你相處愉快那就是合適你的，但是，如果再棒的極品對象，與你在相處中處處嫌棄你，那樣的相處，絕對是不適合你的。

面對一個嫌棄你的對象，最好在戀愛的階段就趕快分手，而不要等到結婚後，才意識到對方要你做到的「改變」，是你心中所堅持的「不能變」！

在愛情中，無論對方「嫌棄你」的動機為何，只要你認為不適合，那你就沒有堅持的必要。要謹記，分手只是兩個美好的個體，各自需要找尋更適合自己的另一個。

只要我喜歡，有什麼不可以：

一對交往一年的男女朋友。男方是大學講師，女方經營小型網路購物網站。女方相當欣賞男友的高學歷以及在學術教學方面的傑出表現。

女方總是無法抑制自己找到極品男友的喜悅，常常與朋友分享兩人的相處，更在網際網絡的社群大方地炫耀兩人的恩愛。但是，男方是一個相當重視隱私權的人，因此對於女友的行徑很不理解，男友認為感情方面的事情不應該廣為公開，可是女友還是繼續在臉書上大肆宣揚。

男友的父母對於女方也不太滿意，認為女方的工作不穩定，尤其男方家人得知，女方之前在網路中分享太多與不同男友交往的戀情，因此男方家長認為女方私生活太亂，除此之外，男方家長認為女方之前的濫交可能會影響生育。

男方在兩人交往之初並沒有受到自己父母的影響，男方甚至多次向自己的父母表達，希望自己能夠有自主權選擇交往的對象。但是男方與女友交往的時間增加，男方逐漸發現女友在網路上晒恩愛的行徑有增無減。男方意識到自己很難適應女方的行為。尤其女方沉迷網路世界，總是藉口那是與她的事業有關聯。

男方感覺女方有些膚淺，開始嫌棄女方。但是，女方仍然覺得網絡世界的事業很重要，男方感到兩人價值觀相差太大。

男方沒有反對女方經營網路買賣，但是，男友希望女友能夠減少在網路分享私生活。可是女友認為時代不同了，在網路中展現自己沒有錯誤。

因此，男方多次提出分手，但是，女方卻不願意，甚至動用男方親友來勸說男方。女方表示自己會在工作與生活的做法有所改變。

其實，愛情必須建立在「兩情相悅」。

只有一方急切地希望與對方聯結，另外一方卻有嫌棄，這個時候被拒絕的一方就要知道停止戀情。因為單方面的付出並不會得到好的結果。很多男女交往，會在戀愛中認為自己交到「極好」的對象，幻想著兩個人的未來會越來越好。可是，另一方卻慢慢地意識到兩個人不適合，想要婉轉地分手。

單身男女，在選擇合適對象，一定要選擇一個能夠「全盤接受自己」的人

當相處的兩個人，認定的觀念不在一條線上，那就不要強求對方改變。因為，真愛，必須接受對方的優點，也要接受對方的缺點，千萬不要找一個戀人來「改造」。

愛情是有生命的，無法雕塑與改造。在愛情中，並不是所有的事情都能用「妥協」來商議。**如果發現交往的對象，總是不停地嫌棄，就算對方的條件超級好，也要早早遠離這樣的交往對象。**

在這個案例中，當女方發現男方對自己有嫌棄時，就應該坦然地接受男方的分手建議。因為，就算女方出動男方親朋好友大力勸說，男方也仍然想要分手。如果女方有理智，就要知道對於這樣的戀情，分手的好處比壞處多。因為女方的職業沒有貴賤之分，也沒有好壞之別，只要是自己努力工作，都是好的職業。如果男方對於女方工作需要大量利用網路販賣商品之事有意見，那就代表女方應該找一個能夠接受自己使用大量網路商業的工作。

如果女方因為男方的不喜愛，就因而改變自己的工作與生活特質，日復一日、年復一年，久而久之，女方就會受不了自己為了男方的改變。因為，女方的價值，不是建築在男方的看法。

如果你不滿意對方，在愛情的開端，你就可以揮手而去，不要在交往之後，試圖改變對方。結婚前的愛情，本來就可以互相挑選，只要不是劈腿腳踏兩條船的移情，那麼提出分手是很正常的事。

要知道，在愛情中，每個人都是特別的個體，每個人都有自己的優缺點。**如果「愛」需要刻意為對方改變自己，那樣的愛，就絕對不會是真愛。**因為，有一天，需要為對方改變的愛情，會變成讓你無法喘氣的壓力。

一個人在乎自己交往對象的言行舉止，可以理解。但是，希望對方「改變」就是一個錯誤！

上述個案最錯誤的地方，就是女方沒有注意到，男方在愛情中已經沒有繼續欣賞女方的特質。在男方愛情的堡壘中，已經無法繼續有女方的存在。如果兩個人的交往，誤以為可以用「妥協」來促進相處的和諧，就是戀愛中的大錯誤。因為，妥協只適用在結婚之後，在單身交往中需要的是篩選。排除不適合自己的人，才能選到適合自己的對象。

結婚前的戀愛，不需改變你的特質，只是需要篩選喜歡你特質的人。把不滿意你的人刪除，剩下的都是你可以挑選的。不要本末倒置地選擇一個你怦然心動的人，而那個人卻又對你百般挑惕。

婚前的戀情，如果對方不滿意你，對方就有權利在愛情的過程中篩選你。相同的，如果你不滿意對方，那你也就有權利可以篩選對方。

13

避開不尊重你／妳的對象，連尊重都沒有，如何共度一生

作者：彭孟嫻 Jessica Peng

彭孟嫻給你／妳的愛情觀點：

面對一個不尊重伴侶的人，你的生活就會被怒氣與憤恨占據，因為對方完全沒有考慮你的立場。

面對一個不尊重伴侶的人，你的耐心就會被失望與絕望占滿，因為對方完全沒有思考你的感受。

千萬不要認為「尊重」的特質，會因為你苦口婆心勸導對方，對方就會成為一個尊重你的人。因為尊重的素養與一個人的學歷和工作經歷無關，而是與一個人的「內心柔軟度」有關。

在男女交往中，尊重對方是一種魅力！

在愛情中，**如何選擇一個尊重你的人？首先必須從進入約會「相處模式」的觀察！**關於愛情，尊重很重要。如果在生活與工作中，我們遇到不懂尊重別人的人，我們可以選擇迴避與不理。但是，**如果在愛情中，你所選擇的對象是一個不會尊重你的伴侶，那麼你的生活，就會讓失望與生氣填滿。**

通常，在愛情的開端，單身男女遇到不尊重自己的交往對象，部分的人會試著以耐心的態度和語氣與對方溝通。但是，如果對方仍然堅持不肯改變，那麼你只能忍氣吞聲，或者選擇分離。

面對不懂尊重別人的戀人，兩個人的生活就會變得「麻煩多」，因為兩個人極大差異的價值觀，就會產生摩擦。當兩個人的生活因為對方自我中心，而表現出不尊重人，就會讓原本很簡單的事情，變得複雜化，兩個人也就必須花很多的時間來溝通。

如果兩個人的溝通無法成立，就會變成爭吵，那麼兩個人的生活品質、時間一定會被無盡的爭吵所浪費，更可怕的是，**面對一個不尊重伴侶的人，你的生活就會被怒氣與憤恨占據，因為對方完全不肯改。**

千萬不要認為「尊重」的特質會因為你的苦口婆心勸導對方，對方就會按造你的心意成為一個尊重你的人。**因為尊重的素養與一個人的學歷與工作經歷無關，而是與一個人的「內心柔軟度」有關。**

一個懂得尊重你的人，絕對不會在言詞中對你咄咄逼人；一個懂得尊重你的人會在言談之間表現耐心，並且在言詞表達中表示欣賞與信任；更重要的是，一個懂得尊重你的人，不會沒有經過你的同意，就擅自丟棄你的私人物品，或是擅自為你的生活與人生做決定。

當男友說出「那有什麼大不了！」妳該怎麼做？

一對剛交往不久的男女，女方發現男友從她的住處離開之後，她的一些書籍就會不見。她知道一定是男友拿走，因為她個人非常重視隱私權，所以不會讓朋友到住處聚會。

但是，女方考量自己與男友交往的時間不長，所以她也不好意思在男友離開時，要求看看男友的手提公事包是否有她的書籍。女方真的很想直接詢問男友，可是她又害怕直接了當地問男友，會讓對方生氣。

有一天，當男方離開女方住處的一刻鐘，她忽然想到有一些塑膠罐，需要放到公寓一樓的垃圾資源回收站，當她走進去大樓公共回收房，發現自己的書籍與雜誌被丟棄在回收桶，她翻了書本內容，書中有她畫線與文字紀錄。

那時女方感到相當不悅，但是，也沒有震驚。女方回到自己的公寓住處，立刻打電話給離開不久的男友詢問此事。男友竟然冷靜地回答：「那是他丟的，因為他覺得那些書籍與雜誌沒有值得保存的必要，因為不夠深度。」

女方忍住生氣地告訴他：「沒有經過別人同意的行為是不尊重人的。」

想不到男友竟然回答：「那有什麼大不了！」

那個晚上，女方簡訊男友：她決定要分手！

人與人之間，本來就無法知道對方的全盤喜好與生活習慣，因此，人與人之間的相處，最重要的就是「尊重對方」。

在這個真實的單身故事，男方的自我中心，完全無視於女方感受。男方順手丟棄女方的書籍與雜誌，這樣的行為就是不尊重別人的表現。但是，令人感到不可思議的是，男方竟然沒有感到自己的行為有任何錯誤。

有些人會覺得怎麼會有這樣的人，沒有經過對方同意，就把對方的書丟棄，還一副理所當然。但是，事實上，在這個社會中，就是有這樣的人存在，主要的原因就是那些人從小到大都以自己為中心。因此，他壓根就沒有覺得自己做錯事。

如果在愛情中，遇到「自以為是」的戀人，就算你是一個極有耐心的人，我也勸你不要與這種人交往，因為在談戀愛時，人通常願意耐心地與對方溝通，但是，如果進入婚姻，對方仍然擅自丟棄你的私人物品，你一定會生氣或放棄，因為人的忍耐不可能是無止盡的。

因為，在兩個人的愛情中，溝通必須是有「溝」也有「通」，如果當你不間斷地表達自己的不滿，對方仍然我行我素地沒有尊重你，那麼你的溝通就變成不是溝通，只是陳述。

時間通常會讓你看到對方的行為。當你在戀愛的初期，意識到對方是一個不懂得尊重別人的人，如果之後你耐心地與對方溝通，但是對方仍然沒有任何的改變，那麼請你一定要離開不尊重你的人，因為一個在戀愛時期就不懂得尊重你的人，如何與你共度一生？

戀愛的相處，真的不是你用耐心可以改變的。

這個世界上，真的有很多「自以為是」的人。如果交往的對象覺得你所看的書，不屬於優質書籍，就索性丟棄你的書籍，那種自私的人格，不單是在未來會控制你所看的書籍，還會干涉你所交往的朋友，甚至會干涉你與家人的互動。因為，那一切控制來自於對方不懂得尊重人。

在婚姻調解庭中，部分離婚案例的原因與「生活習慣」有關聯。當中想離婚的夫妻都表示自己的配偶在生活中「不尊重」對方，諸如：干涉伴侶的工作，打電話到伴侶的工作場合大吵大鬧，沒有經過伴侶的同意就搜尋對方書房與文件，干涉伴侶與原生家庭的往來，干涉伴侶對金錢的使用，干涉伴侶對子女的教養。

讓我印象比較深的個案是，一對結婚將近三年的夫妻，妻子堅持離婚，原因是她的先生經常把她的大學校友會寄來的校刊丟掉。也經常把妻子之前學校寄來的年度科系聚會邀請函丟掉。

面對這樣的個案，**如果是偶發事件，夫妻可以用溝通來解決。如果溝通還無效，夫妻其實不一定要因此而走上離婚。可以用一個方式，就是「以牙還牙」，讓對方也知道信件遺失的感受。**如果伴侶在自己的文件遺失的同時，能夠檢討自己的行為，那麼，那樣的感情還有救。但是，如果伴侶有「雙重標準」，那樣婚姻中的感情就會被生活中的小事情抹滅。

在戀愛階段，還沒有進入婚姻之前，如果遇到不懂尊重別人的伴侶，一定要理智地淘汰對方，人的耐心真的不可能持續一輩子。你以為這些不尊重別人的人，是因為情緒出現問題，但是，其實這些不尊重別人的人，是打從心裡認為自己的行為很合理，這也就是所謂的思想與價值觀的差異。

在愛情的交往中，一定要避開不懂得尊重你的對象，因為，一個連尊重都沒有的對象，要如何共度一生？

14

不需降低標準，你／妳只需要找到適合的人

彭孟嫻給你／妳的愛情觀點：

作者：彭孟嫻 Jessica Peng

在愛情中，不需要設立擇偶標準，因為擇偶最好的標準，就是沒有標準。

在愛情中，不需要建立未來期望，因為愛情最好的結果，就是互相珍惜。

當你在愛情中不斷努力，但是，對方卻不當你一回事，此時，你需要的不是降低標準，而是輕輕放下，華麗轉身，再找更適合自己的對象。

很多單身男女對於愛情是很嚮往的，但是在嚮往愛情的道路上，卻因為多次戀情不順，慢慢地降低擇偶的標準。

其實，在愛情的抉擇中，你不需要降低選擇標準，你只需要找一個人品好的優質伴侶。但是，要如何知道對方是一個「優質」的合適伴侶，而不是一個「假面」對象？最好的方法就是：**觀察對方。可以從對方的「談吐」、「語氣」、「眼神」，找出兩個人「互動」的「契合點」。**

一個與你契合的人，在談話之間的語氣與眼神，就可以看出對方對你的感覺。因此，完全不需要浪費時間在一個不欣賞你的人。因為，兩個人的互動，在談話之間就可以看出端倪。

人是無法取悅每一個人，你只要真實地表達自己，會喜歡你的，就會喜歡你，不會喜歡你的，也就不需要放在心上。

除此之外，**在愛情中不需要選擇一個完美的戀人，因為這個世界上沒有所謂的「完**

美」。你所認為的完美，可能在另一個人的眼中，就是不完美。因此，不需要在選擇對象的當下，有執念自己所認為的完美。因為，戀愛重要的是與對方相處的自在。

其實，單身男女想要脫單，「不需要設立擇偶標準線」。因為，要脫單最好的標準，就是沒有標準！

單身男女，不需要因為自己年齡增加、父母催婚、生育年限，就將自己的擇偶標準線降低。因為，在擇偶的選擇中，「標準」不需要以所謂的世俗標準來界定。換句話說，也就是擇偶標準不可以用金錢、地位、名望做爲選擇。因為，在愛情中，真正優質的擇偶標準，必須以兩人互動所呈現的「互相尊重」「互相珍惜」「互相回饋」來考量。

當你在愛情中不斷努力，但是，對方卻不當你一回事，此時，你需要的不是降低標準，而是輕輕放下，華麗轉身，再找更適合自己的對象。

為什麼戀情總是在最美的時候，急轉而下？

女方是一個善良溫馴的人，幾次戀愛，都是以結婚為前提的心態來談戀愛。女方與前任交往都相當體貼，因此女方在每一次戀愛時，都認為那一次的戀愛，應該就可以步入結婚禮堂。

可是，女方不知道為什麼自己的戀情總是在最美的時候，急轉而下。女方更無法了解，為什麼每一任的男友都是在兩個人感情最穩定時移情別戀。

男方總是在分手當下對女方說，因為「他不夠好」，要女方再「找一個更好的」。但是，女方卻從男方友人口中得知，前男友與女方分手的原因是「另結新歡」。但是，男方卻在分手之時，故意說是因為他不夠好，也不肯坦承變心。

女方對於戀情結束，總是心力交瘁地檢討自己。她不知道自己為什麼如此努力地經營愛情，但是愛情總是在最穩定的時候，轉為破滅。

這時，女方的父母看著自己的女兒已經邁入三十中旬，非常擔心自己的女兒會不會因為晚婚而影響生育，或者會不會因為高齡生產而導致嬰兒未來可能發展遲緩。

女方的父母不停地拜託朋友介紹男人，想讓自己的女兒有更多機會認識異性，但是女方發現自己的父母託人介紹的男士，很多都在言談中對於女方的年齡非常在意，這讓女方對自己越來越沒有信心。有部分男士甚至在女方面前，直接提到女方的年齡與生育方面的問題。

以往，女方總是認為自己在脫單的道路上應該有很多選擇權，現在女方逐漸感到脫單希望渺茫，她自問：自己是否應該退而求其次，選一個自己不是太喜歡的對象？

其實，此個案女方根本「不需要」心力交瘁地檢討自己。因為，女方在戀愛最「穩定」的時候，對方堅持分手，並不是自己的錯，而是對方在愛情中有不同的考量，或者對方有「愛情貪心」特質。

此個案的男方，明明有一個好的女友，卻經不起誘惑，另結新歡。面對一個沒有定性的男士，女方很難有預兆。這就說明男方是一個很不坦誠的人，因為男方隱瞞自己的女友太深。因此，對於那樣的男人的離去，女方根本不需要惋惜。

但是，由理智的角度切入，這個例子是講述單身戀情，不是結婚感情，所以結婚前的戀情兩個人都有互相篩選的權利，但是前提是：要結束一段愛情，再繼續另一段愛情，不可以同時交往兩個對象。

在結婚前的交往過程，每個人都有權利選擇更適合自己的人！

此文，男方在兩個人戀情最穩定的時候分手，不管他是因為定性不夠而移情別戀，還是他剛好找到更適合自己的人，其實，男方都可以選擇自己更適合的對象。同樣的，女方在還沒有結婚之前，也可以選擇在發現戀人不合適時，決定分手。

能夠在戀愛階段與不適合的男友分手，就算是男友變心而分手，其實受益者還是女方。因為如果跟那種個性不穩定的男友結婚後，結果絕對會比結婚前更心碎。

但是，戀愛的不順遂，並不是意味著一個人必須降低擇偶的標準。

如果此個案的女方，在之前的戀情被男友背叛，並不代表下一個男人就是一個渣男。只要女方知道如何分析自己過往的戀情，找到自己在之前戀情相處中的困難點，就能夠在選擇下一個對象時，知道選擇的方針。

一個人絕對不可以因為自己的年齡漸增，而隨意選擇一個男人結婚，那樣的隨便選擇，在結婚後也不會幸福。

因此，如果一個人在戀愛的階段，戀人移情別戀堅持分手，你只要告訴自己，在結婚前知道這樣的狀況，總是好過在結婚後遇到伴侶愛上別人而離婚。

會變心的人，早晚都會變心。一個人不需因為別人的行為，而不斷地檢討自己。人，在這個世界上，要活得好，必須檢討自己，改進自己。但是，這樣的檢討與改進，是有關你自己，而不是因為對方的變心與背叛，迫使你要改變自己。多年之後，你注意之前對你移情別戀的人，很多都沒有穩定的戀情，因為，對方所呈現出來的「變數」，是因為對方自己的人格問題。

在人生中，沒有過不去的坎，千萬不要為了對方的行為，來批判自己！

年輕的男女，面對交往對象的移情別戀，不要讓自己深陷痛苦。當你清晰知道，結婚前的分手是常態，對方變心與你無關，你就知道那樣的感情，不值得你花時間緬懷與難過。有一天，當你遇到與自己相處起來舒服，而且兩個人的生活觀與價值觀都極為雷同的人，你會慶幸當時還好那樣的爛人離開。

在愛情中遇到對象移情別戀，只有說明一件事，就是你這次剛好比較倒霉。但是，這並不代表，你未來就一定會再遇到壞胚子

對於一個移情別戀的戀人，如果原因在於兩個人在相處的過程中衝突不斷，那麼對方移情別戀的理由，可以讓人理解。但是，如果一個人，在雙方交往感情「穩定」的時候移情別戀，原因除了對方在感情中不專情，最重要的還是對方「吃定你」，認為你可以接受。

在這個世界上，一個人的愛情與婚姻失敗都可以重新來過，但是，一個人的尊嚴絕不容踐踏。在愛情中，你不需要為了對方的行為而感到受傷，也不需要因為對方的行為降低自己的擇偶標準，因為很多時候分手不是你的問題，也不是追究對錯的問題，重點是要釐清什麼類別的對象才是適合自己。

15

全身是刺的對象，會讓你／妳傷痕累累

彭孟嫻給你／妳的愛情觀點：

作者：彭孟嫻 Jessica Peng

在愛的語言中，溝通必須是「雙向的」。

說者，必須注意對「聽者」的態度，並且告知聽者事情的輕重。

聽者，必須表達對「說者」的不滿，並且告知說者事情的原因。

在愛的言語中，表達必須是「尊重的」。

說者，要用讚美取代批評，用肯定取代貶抑，用包容取代反擊。

聽者，要用耐心取代反擊，用堅定取代受傷，用冷靜取代生氣。

溝通必須是有「溝」也有「通」，如果當你不間斷地表達之後，對方仍然我行我素沒有尊重你，那麼你的溝通就變成不是溝通，只是陳述。

人生沒有一定要結婚，但是，如果想結婚，就一定不可以找一個「全身都是刺的對象」。

什麼是全身都是刺的對象？

以我對於離婚案例的觀察，簡單來說，帶刺的人，在個性中，有「極端」的想法，言語帶刺的人，在表達中容易以「貶低」或「攻擊」的語言來毀損對方的情緒與自信。除此之外，一個全身帶刺的人，對別人的表達較為敏感。對方的任何言語內容，容易被帶刺的人解讀為「污衊」accused。因為，帶刺的人的性格，隨時都感受到別人的「威脅」，也隨時都認為別人的言語是有著「敵對」的含義。

這樣帶刺的人，在生活中，認為自己絕對不能受制於別人，因此，對於別人的言語特別敏感，很容易認為別人在言語中污衊他，因此，帶刺的人在生活中會「先下手為強」，因此，個性帶刺的人總是會「主動」對自己的伴侶「言語虐待」。

在感情中，一個「帶刺」的人，心中早就被刺插滿，所以才會以刺傷人！

要能夠讓自己不要被「帶刺」的對象傷害，自己需要做的不是改變對方，而是要忍痛離開身上帶刺的對象。因為，當兩人相處年數增多之後，那些從帶刺者身上曾對你所說過的負面言語，會像幽靈一樣，隨時隨地跟著你。尤其在你不順遂的當下，那些帶刺人所對你說過的貶義詞，就會在你的腦中浮現。那樣的負面情緒，會讓你在生活中，感覺似乎沒有前進的空間。因此，就會變成帶刺者操控的魁儡。

慢慢地被操控者，會誤以為只有與對方在一起，才能有「安全感」。因為，帶刺者在平日以負面言語給你的批評與攻擊，已經讓你沒有對人生前進的勇氣。

一對剛交往幾個月的男女朋友，兩個人都已經接近三十歲，雙方家庭也希望兩人能夠趕快結婚。因此，這一對男女朋友，在交往沒有多久，雙方家長已經把孩子交往對象當成是未來的媳婦、女婿。

這樣的情況，看似戀情有好的開始，因為得到雙方家庭的祝福。

但是，女方在兩人交往的第二個月開始，就發現男朋友講話很容易沒有耐心，也很容易在言語的表達中指桑罵槐。

兩個人在第二個月就見過雙方家長，之後男朋友認為這樣就代表兩個人的戀情穩定，所以在相處中就原形畢露，經常動不動就指責女友。無論女友做什麼，男友都很不滿意。更糟糕的是，男方隨時隨地都對女方大聲吼叫，就算兩個人外出，只要男方不高興，就會在大庭廣眾之下，對女方大聲斥責。

有時候，女方會在下班後，做了一桌菜，叫男友來吃飯，男友吃飯時不只沒有謝謝女友在下班後烹煮的辛苦，男友竟然會說，他以前的女朋友也常常在下班後做飯給他吃，而且前女友的廚藝相當好。

除此之外，女友是一個在工作上表現非常傑出的人，但是，有一次在工作上與上司意見不同，女友感覺上司刁難，因此，女方在下班吃飯時告訴男友，想要聽聽男友的看法。女方期待的是聽到男友講一些安慰鼓勵的話。但是，想不到男友聽完之後，竟然回答：「妳就是還不夠好，所以無法讓妳的上司滿意」。

在兩人平日相處，男方常常會故意告訴女方：「你沒有用，無論你如何努力，都不會成功」。那樣的負面說詞經常提及，目的就是要打擊女方的自我意識。

最讓女友受不了的是，男朋友每一次在兩個人談話意見不同的時候，就會說：「我怎麼這麼倒霉和妳交往，早知道就把妳換掉」。

這樣的情況讓女方非常難過，因為她真的覺得對方的條件與家世很好。也真的希望對方能夠不要全身都是刺，但是，事與願違。

因為一個全身帶刺的人，除了會用言語傷人，也讓愛他的人接近他時感覺很受傷。

其實，交往一個這樣全身帶刺的男人，在結婚前發現，一定要斬釘截鐵地與對方分手。

因為一個全身帶刺的個體，絕對會在相處中，以言語刺傷你的心。**在婚姻調解庭中，言語虐待是很常見的案例，當中的言語攻擊，會在兩人的相處中以侮辱與批評來呈現。目的就是較強勢的一方，希望用負面言語來達到損害對方的自我認知，讓對方產生負面的情緒。**可悲的是，強勢的一方，並不意味著自信，有時候強勢的一方，反而是自卑，這樣的自卑情結與事業成就無關，與自我意識有關。

此個案女方在工作中與上司有衝突，本來希望把委屈與男友分享，能夠讓自己工作的瓶頸，得到男友的支持與鼓勵。但是，男友的言行舉止，卻像帶刺的刺蝟，只以尖刺的言語攻擊女友，企圖用負面的言語打擊女友的自信心。

此案例男方會有如此帶刺的性格，是從小到大的人格形成，這當中與天生天性、原生家庭、成長教養、朋友相處、思想邏輯等有關，不是女友以耐心就能夠改變男友，因**為人之所以會防衛與攻擊，主要就是因為內心深處有很多沒有被填滿的空間，那樣的空間就是男主角「過往的傷痛」。**

人在世界上都有自己的傷痛。這並不意味著有傷痛的人就可以刺傷別人。每個人都知道，一個會以言語或行為刺傷別人的人，有可能是自傲，也有可能是自卑。因為自傲，就很難容忍別人，因為自卑就容易貶低別人，來顯示自己的重要。因此，單身的男女在選擇對象時，一定不可以選擇一個會以負面言語批判你的人。

千萬不要小看負面言語對人的傷害。很多離婚案例，帶刺的一方常常用負面言語傷害自己的伴侶。剛開始，伴侶會告訴自己，只要自己不要理會，就不會被對方影響。但是，事實證明，一個深陷泥濘的人，是你用盡全力也救不了的。因此，不要認為只有你才能拯救對方，最後自己只會落得沮喪與落寞。

這些帶刺的人（懂得用言語虐待），其實很聰明，知道「負面言語」會在生活中成為隱形的殺手，殺掉一個人勇往直前的自信。因此，很多想要控制交往對象的人，會在言語中不斷地貶低對方。在此個案中，男方以大聲斥責來對待女方，就是要在交往的階段形成一種「模式」，讓女方知道自己「低於」男方。換句話說，**一個用言語控制對方的人，目的是想在交往的過程，形成以他為主的局面。**

帶刺的人，會把交往對象與其他異性做比較，以達到貶損交往對象的自信心，目的就是要控制對方。此文中的男主角特意強調：「他的前任常常做菜給他吃，而且廚藝相當好」。這樣的說詞看似很正常，屬於一般交往男女的正常對話，純屬過往經歷分享。

但是，如果這樣的對話，是由一個凡事都以貶義詞對待交往對象來說，就是意味著男方要讓現任女友知道，他其實是很有女人緣，而且別的女人對他都很好。這當中的帶刺表達，不見得與廚藝有關，而是與「打擊伴侶自尊心」為主。

要謹記：一個真心欣賞你的人，不會把你與前任做比較！

很多熱戀的男女，會覺得現任男友或女友提到前任的好，是因為純粹與交往對象分享，或者還眷戀過去。其實，這樣的情況也有。但是，**如果是一位個性帶刺的人，刻意提到前任的好，就有可能是「刻意貶低你」**，因為個案文中提到：「我怎麼這麼倒霉和妳交往，早知道就把妳換掉。」

這樣的貶低說詞，並不是與戀人分享前任的經歷，而是對現任交往對象的不尊重！

一個真正成熟的成年人，不用藉著貶低別人來提升自己。

如果沒有和這種全身帶刺的人分手，之後進入婚姻就會是如同地獄試煉！

在愛情中，真正沒有安全感的一方，會緊緊地抓住對方。因此，沒有自信的人，一定想要「控制」對方，讓對方不可以掙脫掌控。換句話說，一個用言語和行為來傷害自己所愛的人，就是一個沒有自信的人，因而誤以為貶低對方，就能夠控制對方。

言語暴力是很可怕的，諸如：「你沒有用」、「你不會成功」、「沒有人愛你」等。這些話，看似沒有什麼殺傷力。但是，當一個人「長期」地處在這幾句話當中，慢慢地當妳的生活遇到挫折時，那些話，很奇怪的就會「自動」的從你的腦中浮現。那些浮現的負面字眼，會侵蝕你的心靈，就算平日你是一個樂觀、理智的人，也會被這些負面字眼，完全擊垮。

戀愛階段，交往的對象如果有壞脾氣（刺），絕對會變成愛情道路的一顆嚴重地雷。在相處的過程中，發現對方「帶刺」，必須婉轉地表達自己不舒服的感受。當一個人已經努力與對方溝通，可是帶刺者仍然不肯改變。那麼，「忍痛分開」一定比強行忍耐來得幸福！

在男女交往的過程中，要明白帶刺的對象，就是不適合的對象，也就是需要刪除的對象。因為，妥協是屬於互相尊重的人。當你容忍一個在言語中傷害你的人，你也就等於自己傷害自己。

因為，在談戀愛的時期，兩人還沒有進入結婚的實際生活，如果對方就已經以言語傷害你，那麼進入婚姻之後，那些刺（負面言語和行為），就會擊垮你的自信，你的心就會有扎針的痛！

一個全身都是刺的人，以狠話刺傷伴侶的同時，也會為自己找藉口，最後會讓伴侶感到疲憊與受傷，愛也就慢慢走到盡頭。

Part 4

破解愛情：在愛情中，你／妳可以選擇

16

選擇一個欣賞你／妳的人

作者：彭孟嫻 Jessica Peng

彭孟嫻給你／妳的愛情觀點：

在愛情中，每一段戀情的存在，都一定有它存在的理由，只是外人很難揣摩。

在愛情中，每一個戀人的選擇，都一定有它選擇的主軸，只是戀人很難釐清。

在愛情中你不需揣摩與釐清，你需要的只是選擇一個欣賞你的人，因為欣賞你的人會「全盤」接受你。

在愛情中，你可以用自省來修正自己。但是，你絕不能因為對方的抱怨而改變自己。因為，那會把你最好的部分「誤以為」需要修正，而改變了！

人，通常都會喜歡欣賞自己的人！

在愛情中，選擇合適的伴侶，最重要的就是要「互相欣賞」！一個不欣賞你的人，無論對方有多傑出，那也就是「不適合」你。關於愛情，有一個特別的現象就是，一個欣賞你的人，會對你比較有包容。這樣的情形與你的條件好壞，毫無關聯，也就是與所謂的門當戶對完全無關。

欣賞一個人就好比：自己的心靈空間被精靈觸動，那種欣賞是一種打從心裡的喜歡，無論對方的行為舉止如何，就是喜歡。我們或多或少都有過這樣的經驗：疑惑朋友怎麼會選一個與自己不匹配的對象？但是，在這位朋友的眼中，總認為他所交往的對象，就是「好」。你甚至會懷疑自己的朋友是否被對方迷惑？為什麼朋友會掏心掏肺地為了一個極為普通的人真心付出？原因就是**一個人所認為的好，與另一個人所認為的好，是不同的標準，這也就是所謂的欣賞。**

別人都反對，但是，我就是喜歡。因為，他欣賞我！

一對大三的男女班對，兩個人交往將近一年。女生在外貌與課業都表現得非常優秀。但是，男生卻常常沉迷電玩。女生在課餘時間相當投入學校社團，男生則花大部分的時間在宿舍裡坐在電腦前研究電玩策略。

很多人都認為那麼不同的兩個人，完全不匹配。但是，女生卻打從心裡欣賞男生的特質，在那位女生的眼裡，男朋友玩電腦只是他的興趣，那位女生非常喜歡坐在男友的身邊看著男友與其他在網絡上的朋友一起玩網路遊戲，因為男友的燦爛笑容，以及大聲瘋狂的在遊戲世界的叫囂，讓女生感到生活極為放鬆。

很多同學都叫那位女同學，一定要和男朋友分手。但是，那位女同學跟同學強調：自己的男友沒有任何不良嗜好，所玩的電玩也不是賭博性質，而且男友的功課也很好，並不是所謂的不良青年。

雖然，所有的朋友都不祝福，但是，那位女大學生，就是喜歡那位男生。

很多人問女大學生，這麼多人追求妳，為什麼妳就是愛那位男朋友？

女大學生簡單地回答：「我的男朋友從來沒有認為我有哪些不好，無論我說什麼或做什麼，男友都很支持。雖然，大家都覺得我的男朋友不好，但是，我覺得我的男朋友修養很好。」

【愛情解碼】

在愛情中，適合別人的不見得適合你；適合你的也不見得適合別人

在愛情中，每一段戀情的存在，都一定有它存在的理由，只是外人很難揣摩！

在這個例子，女生從小家境富裕，家教嚴格，因此她欣賞男生的特點，絕不是世俗中所謂的學歷與金錢，反而是欣賞男生的真摯個性以及毫不掩飾的直率。

那位大三女生，長期處於壓抑自己個性的環境，無論做什麼事情都需要盡善盡美，那樣的壓抑，能夠在生活中遇到一個「真性情」的人，對於那位女生來說就是最大的吸引力。

其實，愛情本來就是這樣。**在愛情中，你根本不需要改變自己，你只需要選擇一個欣賞你的人。**很多人認為男大學生應該在自己的學問多下功夫，不應該沉迷於電玩。但是，會有這樣的想法是因為我們用自己的價值觀看別人，事實上，有很多女生很欣賞電玩上手的玩家。而這些玩家，有的還能在電玩界大放異彩，有的也能在玩電玩的同時，也是念書的高手。

世界上的人這麼多，就是喜歡那一個，原因就是在情人的眼裡出西施。

除此之外，文中的大三女生強調：「我的男朋友從來沒有認為我有哪些不好，無論我說什麼或做什麼，男友都很支持。雖然，大家都覺得我的男朋友不好，但是，我覺得我的男朋友修養很好。」

由此可知，這位大三的女學生，相當清楚自己想要的男朋友需要具備「修養好」的特質。而不是人云亦云地聽從世俗上所謂的好條件。

年輕的單身男女在選擇對象，需要重視的是交往對象的「人格特質」，因為雙方都還年輕，不是用「事業」或「金錢」來衡量對方。一個人只要有好的人格特質，加上肯努力，最後一定會成功。那樣的男孩，就算喜歡在休閒時間玩電玩，也不會影響兩人的相處。

這也就是在愛情中所謂的「匹配指數」爆表，原因就是「欣賞」的加持！

結婚調解庭案例：

在離婚調解庭中，很多人都太過強調「個性不合」。一對結婚將近十年的夫妻，丈夫決定離婚，主要是因爲妻子總是每日強調別人的先生薪水比較高，或者孩子班上的男家長又有新購置的地產。

妻子每天施壓先生「再進步」！

妻子不斷地要求先生要有在職進修的機會，希望先生工作單位負擔先生在職進修的費用。妻子每天耳提面命要求自己的先生不要輸給別的男人。先生感到生活變得無法放鬆，感覺無論自己多努力，總是無法趕得上別人的腳步。

先生認為兩個人對於價值觀與人生觀實在差異太大，在此希望訴求離婚。

妻子實在不能明白，因為她認為要求自己的先生變得更好，就是讓全家的生活品質更好，更何況夫妻還有兩個孩子，妻子實在不明白為何先生要小題大作，提出離婚。

但是先生覺得他想離婚的意願，是經過深思熟慮，根本不是小題大作。因為他已經負荷不了妻子每天對他的貶低。先生感覺自己的太太完全沒有欣賞他。

在進修的課程中，男方認識了同班欣賞他的女學員，他才意識到自己原來是有人欣賞的。

其實，這樣的婚姻失敗案例，根本不是個性問題，而是此個案的妻子沒有欣賞自己的丈夫。

很多自認條件不錯的男女，都忘記「條件」兩個字在每個人的眼光中都有不同。自認不錯的個體，在另一個選擇對象的眼中，有時只是一個「不及格」的個體。

除此之外，很多人在選擇對象時，會把「個性」兩個字強化。其實，在愛情中最不需要改的就是自己的個性，因為，每一個人在世界上都是獨一無二的特別個體（Unique），你每一天所面對的人物形形色色，所以你根本不需要改變自己。對於單身的男女除了需要選擇類似價值觀與人生觀的對象，最重要的還是要選擇一個欣賞你的人。

要如何知道一個人是否欣賞你？

其實就是從言談與相處中就能知道，因為一個欣賞你的人，不會批評你，也不會貶低你，更不會看輕你。最重要的是，一個欣賞你的人，可以接受你的「全部」，而不是在你的生活中不停地為你打分數。

在婚姻與愛情中，你只需要找到一個欣賞自己的人，你就不需要在已經充滿壓力的生活中，再給自己壓力來改變自己。

雖然，每一段愛情，都有讓你改變自己的部分。但是，在愛情中需要改變自己的原因是，你「自覺」地在愛情相處中，感到自己有修正自己的必要，而不是對方逼著你改變。

一個人如果因為對方的抱怨而改變，那是人生最不值得的事。你可以在愛情中因為自己的自省，來「修正」自己。但是，你絕對不能因為對方的抱怨而改變自己。那樣的改變有時會把你最好的部分「誤以為」是需要修正的部分，而自己把自己更改了！

一個不能夠在言行上尊重對方的人，根本沒有資格談愛情。因為兩個人的相處，一定有許多需要溝通的地方，這樣的情形與內向人格或者外向人格沒有關聯。當中最重要的就是，必須要有一個願意「全盤」接受你的人。

真正欣賞你的人，不需要你在生活中不停地奮發向上，也不需要你改變自己的特質

在愛情的選擇中，你如果選擇一個不欣賞你的人，你的愛就會猶如飛蛾撲火自焚而滅。因為，愛情其實很簡單，只要你選擇一個欣賞你的人，你就會幸福。當然，前提是，你也要欣賞對方！

17

單方面的付出不是愛，是單戀

作者：彭孟嫻 Jessica Peng

彭孟嫻給你／妳的愛情觀點：

在脫單選擇對象中，不要傻傻地付出，一定要檢視對方的付出是否等同。

在戀愛選擇對象裡，不要癡癡地等待，一定要注意對方的心力是否投入。

在戀愛中，只有一方的付出不是愛，因為，單方面的付出不是愛，是單戀！真正的愛情是建立在雙方互動的感受，而不是一個人在愛情的劇情中，飾演獨角的角色。

「單戀」不是暗戀！在愛情中，單戀的存在，常常發生在交往的過程，一方持續付出，但是，另外一方沒有感受。

「單戀」與「暗戀」有些許程度上的不同。

廣義地說，「單戀」並不是只有意指單方面喜歡一個人，很多時候單戀的存在，是在兩個人的交往中，一方感覺真心付出，但是，卻沒有得到另一方的認同。因此，在愛情的相處，單戀就像一個人在愛情的劇情中，獨自演出。

而「暗戀」只有代表暗自喜歡一個人，不需要讓對方知道，只要自己喜歡對方，就算對方不知道也沒有關係。暗戀之所以存在，有時是因為自認條件不夠，有時自認時機還沒成熟，有時是因為自己已有穩定的感情，因此就算喜歡另一個對象，也只能把喜歡埋在心中。

關於愛情的道理其實很簡單：「單方面的付出不是愛，是單戀」！

想脫單的男女，在相處的過程中，可以從對方對你的關注與分享，了解對方對你喜歡的深淺，這樣你才不會陷入在自己付出的單戀狀況。**因為，「互動」才能建立雙方的感受！在戀愛中，只有一方付出的戀情不是愛。**

關於單戀，對方也許不是沒有注意到你的付出，而是你的付出不是對方所想要，所以對方無法在愛情中產生激情與愛意。

所以在戀愛中，不要傻傻地付出，一定要檢視自己的付出，對方有沒有珍惜。相同的，你要檢視對方願不願意把時間與心力花在你身上。忙，這個字常常是對方忽略你的一個藉口。一個真正喜歡你的人，就算兩人分隔兩地，也會想辦法與你聯繫。真正愛你的人，再忙也會花時間與你通訊，只不過通訊的時間可能無法太長。

在大學的社團中，許多大學生一起參加了戶外爬山活動。當中一個女學生因為身體不適，另一個男大學生自告奮勇地替女學生背用品背包。之後，女學生在下山時，體力不支，該名男大學生一路小心陪伴。

登山結束，兩個人繼續聯繫，男生積極追求，女大學生也在幾個星期之後，答應男大學生的追求。但是，在交往的過程，總是男大學生需要主動，女大學生完全不會主動回覆男大學生的訊息。

除此之外，如果男大學生沒有傳簡訊給女大學生，女友也不會主動簡訊男大學生。當時，男大學生還以為女友是欲擒故縱，直到幾過月後，忽然得到女友傳來簡訊「要分手」，直到那時候，男大學生才知道，女朋友原來沒有那麼喜歡他。

分手後的幾天，女友就在臉書刊登了自己的新男友。確定的說法是，其實女友根本沒有在自己的朋友圈與自己的臉書，把男大學生當成男友宣布。

忽然之間，男大學生發現，兩個人交往的幾個月短暫戀情，根本不是雙向戀愛，而是自己在愛情中的「單戀」。因爲，兩個人的愛情付出，只是他一廂情願的付出。

男大學生對於愛情追求，誤以為女方沒有回覆簡訊，就是欲擒故縱，其實，很多時候對方不回覆簡訊，是因為對方真的不喜歡。

文中的女大學生犯了一個愛情的錯誤就是，答應男方的追求，卻又在短時間更換交往對象。雖然，單身男女更換對象，屬於自然現象，但是，女方完全不理不睬的當下，男大學生就應該有所發覺。

女方在面對愛情的處理欠缺考慮，在口頭上隨意答應男方。但是，卻又不理不睬，讓男方陷入一種「單戀」的狀況。之後女方又在交往幾個月後迅速提出分手，讓男方在心態上難以適應。

其實，在結婚前，選擇對象，千萬不要「一頭熱」，一定要做到兩人「均衡付出」。這樣才能避免在一段關係中不對等。

在結婚前的男女交往，**互動頻率少的戀情，一定不會好。在愛情中，正面互動與幸福感絕對是成正比！**

在愛情中，單戀的一方就算能忍耐對方的冷漠，但，那樣的忍耐也只是暫時的。因為，人不是聖人，面對對你冷淡的人，是無法持續做到無止境的持續付出。因為，很多願意在單戀的關係中持續付出的人，在心中還是有期待對方改變的意圖。但是，單戀關係所隱藏的意圖，常常會讓單戀者受傷累累，因為對方最終還是不願意交出自己的心。

一對令外人稱羨的夫妻結婚六年。這對夫妻兩人具有高學歷，兩個人都是理性與感性並存的好男人、好女人。

但是，這六年的婚姻當中，男方有大部分時間都在異地經營自己的工廠。雖然，男方每一個月都會坐飛機回家與妻子、兩個孩子團聚。但是，夫妻兩人的感情最終還是無法繼續。

其實，拖垮這對夫妻婚姻的主因就是女方單方面的付出。根據女方的說法，女方與先生多年遠距離相處。但是，問題的癥結點是因為男方不在乎婚姻，遠距離的相處只是次要問題。

此個案夫妻真正的離婚原由：是女方終於意識到婚姻中的「付出不平等」！

女方表示，一年前，她辭去工作，帶著孩子到先生工作的城市。但是，她發現先生眼中只有工作。

曾經，她認為男人全心全意投入工作，就是好男人。她天真的以為女人只替男人著想，那麼男人就會感激老婆的付出，兩個人的婚姻生活也就會越來越穩定。

但是，當女方帶著孩子搬至先生所工作的城市，女方發現兩人多年的遠距離生活，先生已經習慣不與她在生活中互動，她的先生甚至也不理會小孩轉學到異地所面對的學習不適應。

更糟的是，男方不但對家庭的任何事都不在意，而且還會干涉她對於生活的安排，完全沒有體諒她為了先生辭職到一個陌生的城市居住。

女方感歎，兩個人六年的夫妻生活，其實有五年處於聚少離多。女方表示遠距離的分離本身沒錯，錯的是自己把對方寵壞了。那樣的寵就是允許自己的先生不用付出。

就算女方都已經放棄一切的工作根基，想要與先生追求更多相處的夫妻生活，先生已經無法對婚姻有任何向心力。

女方訴求離婚，男方也認同。雙方和解離婚。

上述個案中的夫妻，男方在婚姻中沒有與女方心靈互動的意願，婚姻生活似乎只是因為兩人有兩個共同的孩子。**其實，無法持續注入活水的婚姻，最後就會讓婚姻生活變成一灘死水，因為當中的兩邊水流不流通。**

單方面的付出，在夫妻生活絕對是毀滅型的生活模式，雖然婚姻中有許多需要處理的問題。但是，如果夫妻雙方有「共同」付出的意願，任何的問題，都不會是個問題。通常，婚姻會走到離婚這一步，就是因為一方或雙方已經不願意共同解決問題。

當一對夫妻住在一起，卻呈現出室友的狀態，那真的是婚姻中的一種悲情！因為，兩個人會結婚，一定是有兩個人互相欣賞對方的地方。但是，為什麼在進入婚姻後，無法讓兩個人互相欣賞的動力持續？主要的原因就是；在婚姻中，兩個人付出的心力不平等。

雖然，在婚姻中的付出無法用公平與否來看，但是，至少在婚姻中的互動，不可以如此個案中男方所表現出的冷淡。當女方放棄自己的工作，搬到男方工作所在的城市，那就是女方對於男方的看重。如果男方視之為理所當然，那麼，兩個人的婚姻就很難持續。

婚姻中的付出，必須建立在兩人互相感謝。在此，我不是鼓勵在婚姻中的人計較付出，而是在婚姻中，你必須注意，你的付出對方是否有感動。

不要在婚姻中單向付出，然後以「忙」這個字來替配偶找藉口。因為，一個真正在乎你的人，再忙也一定會空出時間，與你共享高品質的相處時間，讓兩個人的心靈可以互相交流，共同處理婚姻中錯綜復雜的人事物。

單方面的付出，不構成愛的元素

沒有「共同」經歷生活，只能算是個人的生活經歷，不能算是夫妻生活的共同經歷，更不能稱為兩人的共同生活。因為在婚姻中，真正的愛，雖然不需要時時相隨，但是卻是需要互相珍惜。

因此，戀人在交往的階段，發現只有你自己一頭熱，而且對方與你互動不熱絡，那麼請一定要知道，對方就不是適合你的對象，因為對方不知道珍惜！

3

小心有詐，行頭的真偽，金錢不該成為選擇愛情對象的條件

作者：彭孟嫻 Jessica Peng

彭孟嫻給你／妳的愛情觀點：

在愛情中，真正的「務實」是接受對方的一切，無條件的愛對方，給予對方時間慢慢地建立自己的經濟基礎，讓對方有時間與空間，來成就自己。

在愛情中，所謂的「現實」是選擇對象的同時，有意識的秤對方，基於對方以金錢快速地擷取自己經濟所需，讓自己有金錢與資源，來成就自己。

在愛情中，如果一個人對於愛情，看中的是對方的經濟條件，那麼這樣的愛情，如果在對方沒有錢的時候，就會分道揚鑣。

在愛情中，虛假地呈現自己，最後也只能吸引到喜歡虛假的人。因為，虛假的美，絕對不是愛情的征服力！真正愛情的征服力，是在兩人的交往中，時時刻刻「為對方著想」。

在愛情中，當你把金錢當成戀人候選人的指標，你很容易就把自己的「愛情選擇權」交給對方。因為，當你處心積慮地在找有錢人當交往對象的時候，那些有錢人也更仔細地在考量你是否是一個愛錢的對象。

這個世代，生活的壓力，讓人對於金錢有過度的迷失。但是也形成了一個現象就是，有些人希望用愛情或婚姻來改變自己生活的拮据，因此解決的方法就是找一個有錢的對象。

但是，金錢真的能夠保證愛情與婚姻嗎？

其實，金錢的充裕，只能讓自己過得比現在好。但是，卻不能保證自己的愛情與婚姻能夠長久。看看很多嫁入豪門的女人，或是娶到富豪之家女兒的人，很多最後都對簿公堂。因為，婚姻生活更需要互相尊重，能夠幸福的人，通常都是個性極好相處的人，也就是不會在日常生活中吹毛求疵。所以有錢的對象，如果是個性極為刁難的人，也難逃分手與離婚。

雖然如此，在愛情中還是有許多人對於有錢人趨之若鶩。因此，社會就有一個不好的現象，就是這年頭許多人喜歡用「誇張」，來掩飾自己不寬裕的金錢。因此，有部分的男人明明收入不豐，卻總是以多金帥氣自居，明明是租來的名車，卻總在臉書打卡宣告成功自主。相同的，部分女人明明所賺不多，卻總是以女創業者自居，明明卡債連連，卻總是強調高端品味。

其實，這種現象讓人擔憂，因為愛情的本質，是以欣賞與真愛為基礎，如果把「金錢多寡」的成分加入在選擇對象的元素中，就會出現一個現象：分不清「務實」與「現實」！

因為，務實與現實只有一線之分，在愛情中，真正的「務實」是接受對方的一切，無條件地愛對方，給予對方時間慢慢地建立自己的經濟基礎，讓對方有時間與空間，來成就自己。而「現實」就是在選擇對象時，不給對方時間與成長空間。換句話說，只以自己「當下」所需，看重對方的財產，因為那是立即享受的通行證。但是，如果一個人對於愛情，看中的是對方的經濟條件，那麼這樣的愛情，如果在對方沒有錢的時候，就會分道揚鑣。

所以，在愛情中，自己要「誠實」地展示自己的經濟狀況，不要讓對方「誤以為」你是屬於多金之人。因為一個會愛上你金錢的人，當你經濟能力下滑時，兩個人的爭執也就會因此而出現，破裂的愛情也會形成。

一位大學女學生，因為從小父母離婚，父親再娶，經濟穩定。母親再嫁，卻經濟緊縮。但是，那名大學生的父親，在她進大學前的十年期間，都沒有供應她的生活費與學費。也就說，她從小學到大學，父親都沒有資助她生活。

因為那名大學生從小到大就讀公立學校，因此也沒有造成母親與繼父的負擔，她也很努力和母親與繼父所生的一個妹妹相處。但是，她可以明顯地感覺繼父對母親與繼父所生的妹妹有很深的疼愛，因此她了解畢竟姐妹兩人父親不同。

上大學之後，她對於年齡較大的男教授就特別喜歡親近，在打工時期，對於年齡較大的上司也會示好，可能是從小親生父親不在身邊。她在課餘的打工時間，上司對她特別關照，所以她也介入了上司的婚姻，有了婚外情。

但是，那位女大學生要的只是從上司那裡得到關心與經濟支援，並不是想要上司離婚。所以，那位女學生就不停地更換打工地點，也不停地與年齡大的上司發生婚外情，因此，在大學畢業之前，已經賺了買公寓的頭期款。可悲的是，那名女學生在大學畢業之後，也被診斷出性病。

金錢背後的愛情誤區：

在這個故事中，女孩的選擇可能是因為在原生家庭中沒有得到生父與生母的關愛，尤其父母在離婚後，各自有各自的新家庭，因此對於故事中的女大學生，無法給予全心的關注，更無法在金錢上提供女大學生的生活所需，以至一個理應擁有無憂無大學生活的女孩，需要投入在不同成年男人的懷抱，來取得生活上應有的物質所需。

其實，為了金錢介入別人婚姻的年輕女孩不少。但是，大多數的年輕女生都還是相當有智慧，知道介入別人婚姻所得到的金錢，會讓自己名聲掃地。我知道很多單親家庭長大的男女，都相當努力地工作，沒有攀龍附鳳的心態，更沒有破壞別人婚姻的行為，也不會藉著由男人或女人來得到自己奮鬥所需的第一桶金。

部分人的愛情觀偏差，有些許人甚至會公然表示自己就是一個現實的人，在擇偶條件以經濟優渥者為選擇對象。那些人甚至會形容自己為「實際」的人，而不是「現實」

的人。殊不知，當一個人選擇有錢人為交往對象的同時，有錢人也在仔細觀察，誰是真心真意？誰是愛錢之人？

一個只想用物質行頭包裝魅力，來謀取愛情、人脈、事業的人，在初期或許能夠讓部分人誤以為他的實力雄厚。但是，紙包不住火，最後，還是會讓人看出現實者在心中所盤算的算盤。

很多人以為，把自己的外表打扮以高端呈現，就會有新的獵物（對象）能夠進入自己的選擇範圍。其實，這個世界上，當你在選擇別人的時候，別人也在篩選你。

在愛情中真正的吸引力「不是外在是否高端，而是在內心是否柔軟」！

一個好的戀人，必須要有好的人品；而一個好的人品，則必須要有善良與柔軟的心。在愛情中，虛假地呈現自己，最後也只能吸引到喜歡虛假的人。因為，虛假的美，絕對不是愛情的征服力！真正愛情的征服力，是在兩人的交往中，時時刻刻「為對方著想」。

一對夫妻曾是模範夫妻，因為男方做生意，非常忙碌，因此女方感到生活空虛，常常與朋友一起打牌。也常常與朋友一起出入高檔餐廳，並且迷戀購買高消費的服飾與名牌皮包。

雖然男方的生意做得相當不錯。但是，女方的過度消費，還有打牌的賭博惡習，讓女方在婚姻中的借貸數字，不斷地增加。

雖然，男方一直提醒女方不可以過度消費，但是，太太在損友們的蠱惑下，仍然不停地消費，甚至私自向銀行借貸。目的就是為了營造「高級貴婦」的奢華生活，並且在網絡社群不停地炫耀。

男方與女方的矛盾點，並沒有因為先生的生意成功賺錢增加，而有更多的積蓄。相反的，丈夫必須協助妻子還款。但是，女方對於物質的需求越來越嚴重，女方朋友圈強調高檔物質生活，加上高檔旅遊，女方雖然與女性朋友共同出入高檔場合，但是私下總是不斷與共進出的女性友人比較高檔物質。

目前的狀況，女方債務數字增加。以新的借款，再來還之前的利息。因此，債務就呈現「越還越多」而不是「越還越少」。

男方感到生活就是「帳單」與「還款」！男方感到婚姻沒有一點甜蜜，只有「還債」「還債」「還債」！

因此，男方提出，女方沒有改變，就要分居，並且往離婚的意向進行。

這個案例主要是因為女方對錢沒有正確的使用觀念。因為女方生活沒有正面重心，因此誤交了極愛奢華生活的損友，因此誤入偏差金錢觀都還不自覺，誤以為與之一起出席消費場合的朋友，能夠提供歸屬感。

調停的過程，女方多次強調男方沒有關心她，所以她才會以物質麻痺自己。其實，以我的看法，這與「對方是否關心自己」或「過度花費」無關。成人不應該找藉口替自己掩蓋錯誤。

人都會犯錯，問題是犯錯不單是要「承認」，更重要的是犯錯需要勇於「承擔後果」。**虛榮與慾望，都是對於內心不安的一種錯誤寄託。在男女選擇對象中，這樣的婚姻瓶頸，除非女方對自己的惡習有一種「大徹大悟」的改變，才會停止。**

此個案夫妻，需要在婚姻調停之後，再找一個專業的理財顧問，來「督促」兩人在調停時所訂的「還債計畫」與「開支計畫」！理出所有的債務之後。女方也必須學習在生活中有新的生活重心，不管是重返職場，或是投入公益志工，都應該**要有一個好的生活重心，來「取代」之前壞的生活重心。**

協議結果：

兩人同意「每月還債計畫」&「每月開支計畫」。兩人同意會共同尋找一個專業理財專員，協助實施兩人的財務規劃與還款計畫。兩人也願意繼續婚姻生活，暫時沒有分居與離婚的意向。

由此個案可知：用金錢堆砌的品味不是真正的品味。**在調解庭中，很多打扮時尚的女士，以及打扮高端的男士，實際上是處於負債狀況。**這些人的負債，不會輕易地告訴外人。但是，金錢的危機，一定會在婚姻中造成夫妻的爭吵。

用金錢推砌的品味，只會讓自己的感情瓦解。因為，金錢無法代替兩人內心的交流與默契。在婚姻的調解庭中，分居與離婚的案例，很多都是因為金錢因素而分開。在那些夫妻為了金錢吵得不可開支的狀況。**你絕對不會在離婚調解庭上，聽到有人會稱讚伴**

侶花錢是很有品味。

其實，真正好的對象，不是看對方的外表與物質。因為，真正有錢的人，有很多打扮樸實。**要選愛情中合適的對象，最重要的還是那句老話，就是「人品」與「努力」！一個品性好、肯努力的人，就不會讓你在未來的日子裡承受風險，也不會讓你未來的日子受苦，你也不需要擔心未來的生活會沒有錢。**

生活必須由兩個人共同奮鬥，才會有「同甘共苦」的感受，幸福的點滴，就是在兩個人一起為了生活打拚中建立。千萬不要讓金錢成為選擇對象的指標，行頭的高低也難掩當中的真偽。真誠地做自己，不要貪圖對象的金錢，就不會讓自己上當受騙，這樣你才能找到真愛！

19

愛情中，自己做到滿足自己的需求，就是最重要的魅力

彭孟嫻給你／妳的愛情觀點：

作者：彭孟嫻 Jessica Peng

在愛情中，期望別人滿足自己的人生需求，就會變得過度控制，因為害怕失去。在愛情中，期望別人完成自己的生活責任，就會變成過度在乎，因為無法自理。

在談戀愛階段，不要對交往對象有不切實際的期望，因為一個人只要期望改變對方，就會在相處中以「愛」的名義，期待對方往你／妳的方向走。最後，有可能你／妳成功地改變對方，但是也有可能你會得到無盡的失望。

在愛情中，我們每個人都有需求。只不過在愛情中的需求要做到「自己供應」。如果期待對方來滿足自己的需求，對方就會因為承受過多的壓力而感到壓迫，自己也會因為附著於對方，最後失去自我主宰權。

期望別人完成你自己人生的責任，就會造成你對交往對象的「過度在乎」。那種在乎，不是愛，是控制。因為你對失去對方的恐懼，會讓你把愛情的繩索抓得過緊，很快地，那樣的愛情繩索就會因為用力過度而斷裂。

人都是有自主權的，在愛情中可以因為愛而妥協，但是，如果一個在愛情中完全倚靠對方供應一切的人，會讓自己慢慢地不認識自己，因為失去的是自我的尊嚴。在生命中，人的思想會影響人的行為；人的行為會影響人的作風。因此，在結婚前如果在思想中，錯誤認定對方要填補你的生活，那麼爭執就會慢慢產生。

在愛情中自己滿足自己的需求很難嗎？

答案就是：自我滿足需求其實一點都不難。如果一個人在沒有戀人的階段，能夠在物質上以及精神上獨立，那麼為什麼在交往之後需要靠對方供給你？

要脫單，一定不可以在金錢與心靈期待對方滿足你，因為當你發現對方的所作所為與你的期待有差距，你就會怨天尤人。不要忘記，在戀愛階段，對方沒有義務負擔交往對象的一切。但是，婚姻與戀愛不一樣，夫妻需要互通有無，需要共同撐起家庭，也需要在財務上有平等的權利。這就是戀愛與結婚的差別！

在談戀愛階段，不要對交往對象有不切實際的期望，因為一個人只要在心中期望改變對方，就會在相處中希望用愛的名義，讓對方的行為朝著你期待的方向走。最後，有可能你成功地改變對方，但是，也有可能你會得到失望。**重點是，你在期待改變對方來滿足你需求的過程，你已經花費大量的時間與精力，那就是對自己生命的一種浪費。**

一名年輕女子，認識一個符合自己心中期待的男朋友。男友是一名會計師，年輕女子與會計師男友交往後，立即辭去自己的工作，希望轉職至男友服務的會計事務所工作。

男友很盡力地與合夥人商量，讓女友來當助理，並且建議女友在晚上的時間，到學院的夜間部就讀會計課程。

但是，那名年輕的女性，對於讀書完全沒有興趣，她希望的是，能夠在男友的公司做一些簡單的工作，而不是實質的會計業務。那名年輕女子認為那樣就能杜絕其他女同事或女顧客對男友釋出好感。

那名年輕女性對男友的一切都嚴加注意，因為她認為，只要有了這個男友，無論是金錢、地位、工作、房子、車子、未來生兒育女，都可以在兩人結婚後有了著落。

可惜的是，那名年輕女子與男友因為教育水平差距極大，個性又截然不同。慢慢地男友實在受不了兩個人每日二十四小時黏在一起。因此，那名會計師男友在與女方交往半年之後，就堅持分手。

在愛情中，期望對方填補你的缺失，你就會更加失落。

在愛情中無論是個人喜好，工作性質，生活型態。都必須尊重對方的個人喜愛。雙方之間的喜愛如果有所不同，需要的是互相引領對方進入自己的世界，或者給予對方時間與空間，完成自己想完成的事務，而不是在生活中希望對方完全聽你的使喚，變成另外一個人。

通常要逼迫自己的伴侶放棄原本特質的人有幾項特點；其一，害怕失去；其二，喜歡控制。

此故事的年輕女性，不准男會計師有自己的空間與時間，實在是太不了解人的性格。因為，一個被極權壓制的人，一定會想辦法逃脫。在結婚前的交往階段，如果兩個人就完全把活動交疊再一起，就會讓兩人沒有自己沉靜的空間。要知道，一個人的思想進階，是需要獨自的時間與空間來醞釀。

此個案年輕女子似乎沒有太大的進取心，因此想要以最「簡單」的方式，就是「結婚」來達到自己在物質生活與精神生活的滿足。殊不知結婚，才是在生活中最「困難」的方式，因為結婚後有很多需要處理的事情，因此，結婚前的交往階段，就是考查對方是否合適婚姻的過程。

期待對方滿足自己的人，就會在生活中害怕失去對方，也就會極盡所能地控制對方。要知道，在結婚前，最好的交往方式，就是一定要確定，沒有對方，也不會影響自己的生活。

這樣的想法並不是要教人不要以交往對象為中心，而是要讓想脫單的人知道，繼續維持自己的獨立，不要因為脫單而把所有的重擔，轉移在對方身上。

我在調解庭中，曾經看過一個案例，太太堅持離婚，先生則希望太太做家庭主婦，來滿足自己能夠控制家庭的一切。那位先生認為只要太太去上班，婚姻就可能會瓦解，因為太太在職場中總是有很多人示好。

那位太太是一位高學歷的新時代女性，曾經短暫數年的配合她先生的意願，成為家庭主婦。但是，那位太太認為她自己能夠兼顧工作與家庭，因此執意要回去職場。

可惜的是，那對夫妻為了太太回職場的事件，每天吵得不可開交。女方表示，剛結婚的那幾年，她為了保持家庭和諧，不要影響年幼的孩子，一直忍氣吞聲以家庭為重，但是，那與自己的生活理念有極大的差距，因為女方的生涯計畫，不是當一個全職的家庭主婦。

在調解庭上，那位太太表示，她在結婚將近十年中，常常跟她的丈夫表明自己返回職場的意願，也保證返回職場仍然兼顧家庭生活。但是，男方表示如果太太要繼續成為職業婦女，未來就要「離婚」。

女方不為所懼，堅決要回職場，並且主動提出離婚。

那位太太提到一句令我印象深刻的話，她說：「如果我先生希望他的太太是家庭主婦，那麼在兩人單身交往的時候，他為什麼不找一個喜歡待在家裡的人？」

那位太太表示，十年前兩人在交往階段，她就是個白領職員，但是她實在不明白，為什麼結婚之後，自己的先生會如此堅持太太不要去上班。

【婚姻解碼】

那位女士在婚前就是個職業婦女，先生何苦一定逼迫太太成為家庭主婦？

其實，有一種伴侶很可怕，在認識妳的一開始，已經展開了魔鬼改變計畫。

從認識的開端，這樣的對象，就會開始對你「耳提面命」地叮嚀與建議。對於涉事未深的年輕人，有時候真的會被這種充滿智慧的「管教」，感到人生真的很有依靠。這樣喜歡控管對方的例子，男女都有。

因為當對方依賴他的時候，就等同於那位女士沒有獨立自主的能力，也就等同於那位女士的經濟必須依附在那位男士身上，這樣那位男士在生活上，就有主控權，也能體現自己一家之主的權力。同時，此個案男士誤以為太太離開職場，就不會有機會移情別戀，殊不知現代的社會，會外遇的人，是沒有區分為職業婦女或者家庭主婦。

其實，一個有事業心的女人，硬是要她待在家中，實在是不智之舉。因為，婚姻只是意味著在生活與生命中共同經歷，並不代表配偶在婚姻中需要放棄自己。

因此，要脫單，首先要問自己：在婚姻中，妳自己想要的「生活型態」是什麼？這樣你才可以知道尋找哪一類的合適對象。

在婚姻中，每一個人感覺「重要」的人、事、物不同

面對「要不要在婚後繼續工作」，當事人要以自己的意願為主，而不是以配偶的期望為主。如果一個人離開職場，是因為自己有新的人生目標，那麼暫時離開職場也可以。但是，如果一個女人確定要在結婚後繼續成為職業婦女，只要確定自己職場與家庭兼顧，那麼伴侶也應該好好支持。

面對一個不願意妥協的伴侶，你必須堅持妳自己的生活理念，因為伴侶干涉的案例，並不是只有發生在與工作有關的事項。因為一個會干涉伴侶的人，通常在生活中的大小事，都要伴侶報告。

在愛情中只要你堅持你的原則，那對方也就拿你沒有辦法。只要自己的決定具有合理的道理，一個人就應該按照自己的意願生活，只要自己想過的生活沒有妨礙對方。

請記住：一個人的體貼與善解人意，要用在對的地方。這樣才不會在「行為上」聽從，卻在「情感上」埋怨。

20

成為他／她心中唯一的王牌，讓對方看到你／妳的價值

作者：彭孟嫻 Jessica Peng

彭孟嫻給你／妳的愛情觀點：

在愛情中，王牌的定義就是：在對方心中是「最重要」的一張牌。就算對方手上出現別的牌，對方仍然緊握你這張牌。

在愛情中，王牌的持續就是：在對方心中是「最溫馨」的一張牌，因為自己心中付出的愛，對方可以進階過得更好。

王牌，一定要「保鮮」，絕對不可讓對方因為長期握有你這張王牌，而日久生厭。因此，你必須在生活中不斷地成長，這樣的成長不是經由學歷、課程，而是需要做到「自己與社會接軌的能力」，這樣才能讓對方小心翼翼地保存你這張王牌！

在這個世界上，人口如此眾多，傑出男女多如過江之鯽，要如何在愛情市場中脫穎而出？

其實，在愛情中，不是你努力地增進自己的條件就能夠吸引對方，因為具備優質條件的人實在是太多了。

擇偶並不是在挑選投資項目，因此，根本不需要在乎這個世界上有多少優秀的人。因為你提供給交往對象，不是投資報酬率，你提供的是「愛」與「尊重」！但是，要如何讓對方感覺到你的愛與尊重，與別人的不一樣？

答案就是：你／妳必須是對方心中「唯一」的王牌！這樣的王牌就是，你必須讓對方感覺：有你，人生過得更好！

一個人在對方心中是不是王牌，不是你自己說的，也不是你自己認定的，而是在對方心中，是否感覺有了你才能讓生活與精神昇華。這就像是一個建築公司，在營造方案中如果缺少的是鋼構人員，但是，一個自認是優秀的行銷人員，拚命強調所具備的品牌行銷能力，殊不知對方的建築公司在業界已經很有名，根本不需要行銷。因此，要脫單，就要知道對方缺乏的是什麼。

在愛情中，不是你願意付出，對方就會認為你是他心中的王牌，因為你的付出，有可能是對方感到累贅的部分。人在愛情中，很容易忘記，愛情並不是只有無盡地付出，愛情也不是需要對方填補我們內心的缺失。「真愛」必須隨時考慮對方的需要，這樣你在對方心中才能有不可取代的地位，也才能成為對方心中唯一的王牌。

單身戀愛故事

一名年輕的女小提琴家，在交響樂團一直沒有太顯著的表現，合群的作風，讓她總是有很多的演出機會，但是，卻無法在交響樂團中有任何突破。

樂團中的年輕男指揮，家中都是音樂世家，剛好父親是國際有名的小提琴家，因此，年輕的男指揮，拜託自己的父親，私下教導年輕的女小提琴家在琴藝方面更上層樓。

年輕女小提琴家的朋友告訴她，男指揮家對她的好是別有企圖，朋友告訴女小提琴家：真愛不需要用利誘來滿足女小提琴家的需要。但是，女小提琴家認為男指揮家的貼心，是因為了解她的「需要」。

男指揮家本來就對此女小提琴家一見鍾情。因此，男指揮家總是在平日練習時觀察女小提琴家的需要。男指揮家認為，如果愛一個人，就應該協助自己所愛的人。

女小提琴家是一個努力的人，但是女小提琴家需要高手指點突破，也需要有更高的表演平臺，讓她的好琴藝能夠有更多人欣賞。剛好男指揮家的父親是國際有名的小提琴大師，能夠有這樣的機會，讓自己的音樂水平提升，其實是女小提琴家夢寐以求的事。

男指揮家發現團員議論紛紛，感覺男指揮家以自己出名的父親，來吸引女小提琴家。因此男指揮家頗有大將之風，有一天，在樂團平日練習結束之時，在臺上對著整個樂團成員表明，自己對女小提琴的喜愛。男指揮家並且強調：能夠讓自己喜歡的人，跟著自己的父親學小提琴，是他最大的榮幸。男指揮家也強調，他的父親也是有很多其它的男女學員跟著學習，因此，希望團員能夠不要把這件單純的事情複雜化。

所以，這年輕的男指揮家，就成為年輕女小提琴家最在乎的人。也就是，男指揮家成為女小提琴家心中最重要的「王牌」，因為任何人都無法取代他！

其實，真愛是需要「支持」與「協助」！

在愛情中，成為對方唯一的王牌，一點都沒有錯，因為讓對方看到你的價值，就等於增加對方欣賞你的程度。當然，前提一定要是對方也珍惜你為對方的所作所為。

此個案，男指揮家能夠讓自己喜歡的女小提琴家，跟著他父親提升小提琴的琴藝，增加女小提琴家擁有更高表演舞臺的機會，這就是男指揮家和其他男士最大不同的籌碼。這樣的籌碼不是建立在「現實」的成分，而是建立在「關心」的成分。

在愛情中，如果你在對方心中毫無價值可言，那麼對方又為什麼需要選擇你為交往的對象？因此，根本不要把「協助對方」與「被對方利用」混為一談。因為，愛情是雙向付出，你的付出，對方能有所感動，那樣才會有愛情的化學作用。如果在愛情中，雙方都各自不理睬對方，那就無法產生愛情作用。

在生活中，理性與感性都需要並重。試問自己一下，我們會愛一個欣賞我們、協助我們的人？還是會愛一個對我們的需求不理不睬的人？

戀愛其實就是婚姻的前奏。因此，在戀愛階段，你必須能夠敏銳地發覺，自己交往對象所在意的人、事、物，這樣就可以給予支持與鼓勵。所以，在生活中，你要在對方生活出現挫折時，能夠成為承載對方壓力的後盾，你就一定會成為對方心中不可缺席的「王牌」。

看看一些交往很久，之後進入婚姻幾十年感情仍然升溫的夫妻，他們當中是有什麼相處的祕訣來成為對方的王牌。當中的祕訣就是：注意配偶的需要。因為，在婚姻中無法關注對方需要，最後只會落得以離婚收場的結果。

一對結婚八年的夫妻，兩人已經有兩個孩子，但是，太太最終堅持離婚，主要就是覺得公公婆婆的干涉讓生活喘不過氣。

那位女士表示：公公婆婆凡事干涉，無論是那位女士的工作，孩子所就讀的學校、教養方式、才藝學習、夫妻兩人的財產投資，所有的事情公公婆婆都要管。

那位女士與公婆沒有同住，按照道理，一般公公婆婆是無法知道自己的兒子與媳婦如此多的生活細節，那些細節公公婆婆又如何知道？

原因就是那位女士的老公，凡事都向自己的父母稟報。更可怕的是，那位女士的老公，凡事都依從父母的建議，完全沒有把結婚八年的太太放在眼裡。

更讓人對那位女士不捨的是，那位女士需要打雙份工，來協助家庭的支出，因為她先生的工作是合約制的電腦工程人員。雖然合約制的工作，時薪比一般電腦工程人員高。但是，當合約到期時，她的先生就需要一段時間找到下一份合約工作，也就等於短暫失業。

那位女士的公婆表示，自己的兒子因為合約制的工作，薪水比同業高，而且她的公婆表示自己的兒子總是在合約到期前的幾個月就開始物色下一份合約工作。可是，事實上那位女士的先生，在結婚的八年內，很多次續約都有出現短暫失業。

那位男士在調解庭中，不停地抱怨太太沒有尊重他的父母。

而那位女士則感到自己的先生沒有珍惜她，尤其她為了先生的短暫失業，在平日做雙份工作，以此協助支持家中的經濟。女士表示她沒有感受到先生對她的重視，也沒有感受到先生協助她化解公公婆婆對她的干涉。

那位女士表示，自己的生活似乎被先生與公公婆婆「內外夾攻」，在婚姻中從來沒有夫妻兩人共同決策生活，總是由公公婆婆發號施令。

此個案男方以妻子不尊重公婆的原因調解離婚，但是，卻在女方也願意離婚的情況下，男方又反悔不願意離婚。但是，女方最後堅決與孩子搬離住房，並且訴請離婚，委任地產經紀人與丈夫協調賣房，女方同時委任律師，有關子女扶養費、監護權、剩餘財產分配等法律問題。

說真的，對於這樣的婚姻，離婚了也好，因為此個案的癥結點，看起來是婆媳問題，其實是夫妻對於「生活觀」的不同。男方凡事跟沒有與自己住在一起的父母報告，基本上就是在男方心中把「家」的定義，定為自己與父母才是一個家，忘記在結婚之後自己與妻子才是一個家。

這個案例中的男主角根本沒有站在太太的角度考慮事情，更沒有「協助」與「支持」太太。**在婚姻中，當先生無法在心中把妻子當成生命中最重要的人，就不可能愛護自己的妻子，因此就無法成為妻子心中唯一的王牌。**

此個案女方壓力來源，主要是來自公公婆婆。但是，如果先生知道如何體恤妻子，不要持續地把夫妻兩人的生活決策權交給父母，那就可以免去妻子的很多壓力。在這個案例中，男方要成為妻子心中的王牌，為妻子解決公婆的壓力，男方其實只需要做到在自己的心中，把妻子當成「家」的主要成員，讓原生家庭的父母，成為自己孝順的對象，而不是自己聽話的對象，而且男方需要成為妻子與公婆之間的橋樑。

一個在婚姻中沒有體恤自己太太的男人，又如何成為太太心中的王牌？一位男士要成為太太生命中的「王牌」，就要讓兩人在婚姻中站在同一個陣線。

婚姻生活本來就有極大的壓力，婚姻需要面對實質生活中的經濟壓力，尤其是有孩子的家庭，當中的孩子教養更是夫妻生活的重擔。在這個案例中的太太，沒有抱怨自己先生的薪水無法供應全家，已經算是很好的妻子了。但是，當妻子為了減緩夫妻經濟壓力而雙倍工作，卻沒有得到先生的感謝，反而得到先生抱怨沒有尊重公公婆婆。這當中的原因就是因為男方根本沒有把太太當成同陣線的人，也就是男方對於「家」的概念，沒有包含妻子。

在婚姻中，王牌的定義就是；「在對方的心中是最重要的一張牌，就算對方手上出現別的牌，也仍然緊握你這張牌」！

一個無法提供安全感給妻子的男人，就無法讓妻子永遠緊握丈夫的這張牌。此案例男方甚至想要以妻子沒有尊重公婆的理由離婚，那就是說明那樣的男人沒有看到妻子的價值，也就表示妻子根本不需要緊握丈夫這張牌。

請謹記，這個世界上有太多的變數，就算你是一張好的牌，也有可能遇到一個不珍惜你這張牌的人，那你就千萬不要自己嫌棄你這張牌，你需要的是尋找會珍惜你這張牌的人。因為婚姻要能夠幸福，需要的不是看懂婚姻的牌局，因為沒有人能夠預測婚姻中會發生的局，你所需要的就是一個會與你處於同陣線的伴侶。

有一天，當你找到一個會珍惜你這張牌，並且把你這張牌當成「王牌」的人，你一定要記得持續保持這張牌的顏色鮮度，絕對不可以讓對方因為長期握有你這張王牌，而對你這張牌日久生厭。因此，你必須在生活中不斷地成長。這樣的成長不需要一定經由學歷、課程，而是必須隨時保持「自己與社會接軌的能力」！

因為，學歷與課程只能在課本知識與專業知識的進步，並不能在人生閱歷中長進。在愛情與婚姻中要好，需要的是在人生閱歷的豁達與敏銳。這種豁達與敏銳的體現，就是以「協助伴侶需要」來達成。

要讓自己成為對方心中唯一的王牌，你才能夠繼續關注伴侶在人生不同階段的需要。滾石不生苔，只要持續不斷地關注對方的需要，也持續不段地優化自己，就可以讓對方小心翼翼地保存你這張王牌！

Part 5

結婚的好處

21

婚姻沒有你／妳想像的可怕

作者：彭孟嫻 Jessica Peng

彭孟嫻給你／妳的愛情觀點：

要結婚，就要在單身階段先認知什麼是婚姻？

婚姻就像醞釀葡萄酒。因為夫妻相處中，每一對夫妻都有自己好的特質，這就像醞釀甘醇的葡萄酒，當中極佳的葡萄（特質）。除此之外，醞釀的過程，也需要有好的醞釀方式（相處）以及好的溫度（付出），再加上年限（時間），才能夠醞釀出好的酒品（婚姻）。

婚姻的問題，很多都是階段性的。在婚姻中，每一個階段都有新的挑戰。因此，面對問題，只要平常心對待。因為，就算是單身的人，在不同的人生階段，也會有新的問題挑戰。

婚姻幸福的關鍵就是：必須過得比單身生活好，並且在婚姻生活中，活出你心中想要的樣子！

婚姻沒有完全美滿，只有是否溫暖！

很多單身的男女，之所以會害怕婚姻，主要的原因就是太多夫妻在婚姻中受苦。尤其單身男女看到父母婚姻破裂、親友婚姻不幸福，就會對婚姻有恐懼，也就容易把婚姻想得太複雜。

其實，婚姻沒有「完全」的圓滿。

在婚姻中，不可能凡事盡如己意。這樣的道理，單身生活也是一樣，並不是單身生活就會完全圓滿與幸福。無論是單身或者結婚，生活中本來都會遇到不如意，生命中也會有很多突如其來的挑戰。

婚姻其實沒有你想像的可怕，別人在婚姻中所受到的傷害，並不代表你會複製那樣的悲劇。因為，每一段婚姻的男女主角不同，每一段婚姻周圍的配角也不同。所以，別人失敗的婚姻，不見得就會發生在你身上。

婚姻之所以會不幸福，常常是「誤以為」婚姻需要凡事圓滿。但是，這個世界中並沒有完美與美滿。

在婚姻中要幸福，只有「溫暖」，不需要圓滿。只要有愛的婚姻，就有溫暖。

婚姻幸福的關鍵是什麼？

常常有人問我，婚姻幸福的關鍵是什麼？

以我的看法，婚姻幸福就是必須過得比單身生活好，並且在婚姻生活中，活出你心中想要的樣子！

婚姻要感覺幸福，最重要的就是自己的「需求」有被滿足。

因為每一個人對於「需求」兩個字的定義不同，所以婚姻幸福與否，就無法用各式各樣的形容詞來描述，**原因就是你在婚姻中所認為的幸福，可能是另一個人在婚姻中所**

認為的不幸福。

舉個例子，一個喜歡在職場上工作的女人，如果自己的先生堅持太太一定要在結婚後當家庭主婦，那麼滿懷理想與事業心的太太，一定會感到相當的不快樂。相對的，如果一個喜愛在結婚後相夫教子的女人，但被先生強迫一定要外出工作填補家用，那麼一個喜歡當家庭主婦的女人就會因為需要外出打工而感到不快樂。

所以，婚姻的幸福，並沒有一定的定律，關鍵就在於你的「需要」必須在婚姻中有所滿足。

但是，「需要」兩個字必須「雙向滿足」。

你的「需要」期待對方滿足，你也要滿足對方的需要。但是，有一個重要的前提就是，「需要」兩個字在婚姻中必須是「合理的」需求，不是不切實際的要求。

除此之外，**婚姻雖然是兩個人的組合型態，但是，並不代表婚姻中沒有「個人需求」。婚姻中的自我期許與自我實現，就是與自我需求有關，**這些需求並不是伴侶能夠替你做到。因此，一個理性的伴侶，應該在婚姻中給你「時間」與「空間」完成你的自我需求。

婚姻中的問題

婚姻沒有你想像的可怕，很多時候婚姻中的問題都是自己嚇自己的。

太多的新聞報導婚姻中外遇問題、婆媳問題、金錢問題、兒童教養問題、溝通問題，都造成很多人對婚姻卻步。但是，仔細想想，單身族群就沒有感情被劈腿的問題嗎？單身族群就沒有與交往對象家人的衝突嗎？單身就沒有金錢的經濟問題嗎？單身就沒有與交往對象或朋友的溝通問題嗎？

婚姻的問題，很多都是階段性的。在婚姻中，每一個階段都有新的挑戰，因此面對婚姻問題只要以平常心對待，因為就算是單身的人，在不同的人生階段也是會有新的挑戰。

婚姻，並不是愛情的墳墓。很多人誤以為結婚後兩個人就沒有愛情，怎麼會呢？**在婚姻中幸福的人很多，只要兩個人能夠在婚姻中以「妥協」找出適合兩個人的相處模式，婚姻中的愛情是存在的。**除此之外，很多人認為在婚姻中就會有忙不完的家事，所以婚姻就會變成愛情的墳墓，其實真的不是這樣，難道目前自己住的單身男女，就算沒有談戀愛，就不用自己做家事嗎？更何況在婚姻中，同份量的家事有兩個人分擔，怎麼會認為婚姻中的生活瑣事就會成為愛情的墳墓？

婚姻中有小孩，也不會造成兩個人溝通困難。在婚姻中，會因為有小孩而造成兩個人的溝通困難，問題的癥結並不在於「小孩」，而是兩個人在有小孩之前，或者兩個人在還沒有結婚之前，就已經存在著溝通的問題。

所以單身男女，在談戀愛階段，就要選擇能夠與你有良好溝通模式的對象。因為，溝通不好的婚姻，主因就是在結婚前，害怕戀情失去，因此高度容忍交往對象。但是，結婚後兩個人知道雙方有婚約的保障，因此也就比較容易任由自己的性子隨意發脾氣，殊不知結婚也是可以離婚，只要無法相處，婚姻也難持久。因此，在婚姻中的溝通不良，並不是因為孩子的緣故，而是在結婚前，兩人就在溝通中有矛盾。

溝通之所以會有障礙，並不是兩個人表達方式的問題，而是「聽者」忽略說者的表達，所以只聽不改；「說者」也只注意自己的表達，忘記聽者的感受，因此只說不聽。

雖然當兩個人有小孩的時候，會出現很多不同的教養問題，讓夫妻溝通議題變得複雜。但是，在婚前就溝通良好的夫妻，通常不會因為有小孩而造成兩個人無法溝通。

好品質的婚姻能夠帶給夫妻雙方安定

結婚不是一種任務，結婚是一種兩情相悅的意願。沒有人規定單身男女需要結婚，也沒有人強迫單身男女必須結束單身，就算家人的強迫，只要你不願意結婚，就算家人逼迫你，你也有自主權拒絕。

好的婚姻能夠帶給人心境安定、心靈安全。**在婚姻中感受到猶如掉進去漩渦般的痛**

苦，其實不是婚姻制度不好，而是你選擇的結婚對象不適合你。

每個人其實是有能力讓自己在婚姻中幸福快樂，只要你不要在婚姻中「預設立場」也不要在婚姻中「過度期待」。這樣的生活哲理，不是在安慰已經在婚姻中的人，而是任何在婚姻中的人都可以訓練自己不要過度期待的預設立場，因為疑心生暗鬼，在婚姻中的問題，有一部分真的是小題大作。

關於婚姻，只要你遇到適合的人，兩個人生活，一定比一個人生活更安定。無論是經濟上、生活上、心靈上，在婚姻中有一個「優質」且「合適」的伴侶，肯定讓你的生活過得比單身更好，因為優質的合適伴侶在婚姻中會「懂你」！

生命的軌跡，每個人都有不一樣的先後順序，無論是不婚或結婚，早婚或晚婚，最重要的就是符合自己的心意。

這是一本協助單身男女「選擇優質對象」的書，希望單身男女在選擇優質的合適對象時，能夠以更正面的角度看待婚姻。一個婚姻的美好與否，除了兩位主角之外，當中的家人配角選擇也很重要。但是，**要記得：婚姻中，配角的角色只能在「外圍」。如果一段婚姻的男女主角默許配角干涉兩個人的婚姻，那麼這樣的婚姻一定會垮臺。因為，孝順與愚孝是不同的！**

當婚姻在「階段」出現瓶頸的時候，只要有一個人放棄，那麼兩個人托舉的平衡力度，一定會頓時失去重心。因為，婚姻的美好與否，必須取決於兩個人是否願意「共同托舉」婚姻的重量！

22

在婚姻中你／妳能追求自己的夢想，只要你／妳知道妥協的訣竅

彭孟嫻給你／妳的愛情觀點：

作者：彭孟嫻 Jessica Peng

要能夠在婚姻中追夢，你必須先搞定你的婚姻對象，讓自己的婚姻伴侶知道，無論對方如何反對自己的夢想，你都會在生活中堅持。

要能夠在婚姻中圓夢，你必須先完成你的家庭責任，讓自己的婚姻伴侶知道，無論自己如何追求自己的理念，你都會在生活中負責。

如果一個人在婚姻中把時間浪費在吵架與生氣，就不會有時間完成你的夢想，因此，「妥協」不是犧牲，是以「同理心」在婚姻裡共同成長。

婚姻中，你也可以追求自己的夢想。要在婚姻中順利地實踐你的人生夢想，首先，你必須要先搞定你身邊的伴侶。

很多人認為婚姻的責任巨大，在婚姻中無法追求自己的夢想。尤其，每個人一天的時間有限，當一個人的時間都花費在婚姻中的瑣事與家事，加上雙方長輩的干涉，孩子的教養等議題之後，怎麼還會有時間在婚姻中追求自己的夢想？

其實，身處婚姻無法追求自己的夢想，主要的原因是自己挑選的對象太自私，而不是結婚就會杜絕你完成自己的夢想。

會認為在婚姻中無法圓夢的人，通常是看到身處婚姻的人為愛放棄理想。在離婚調解庭中，很多年長者的離婚案例，當事人都會提到：「自己已經為了對方犧牲一輩子，現在希望離婚做自己。」

事實上婚姻並不是毀滅自己夢想的原因，很多在婚姻中的男女，在婚姻無法更上層樓，埋怨自己的夢在婚姻中無法實現。主要是因為無法把生活的優先順序釐清。

婚姻與追夢並不是成反比。

每個人的一天時間都是相同的，**所以在婚姻中要完成自己的夢想，就要知道如何分配你自己的時間。除此之外，要能夠家庭、事業與夢想同時兼顧，就需要知道如何在婚姻中「分配責任」！**

婚姻，雙方都必須有自己的生活空間，無論是事業發展、夢想追求、社交活動，結婚男女都可以繼續追求。只要夫妻兩人能夠互相妥協，把婚姻中的責任分配，這樣就能夠讓夫妻兩人在自己部分的責任完成時，就可以做自己的事。舉例而言，如果一個喜歡雕刻的人，終日雕刻，家中任何的事物都不協助，那樣婚姻肯定會不幸。但是，如果夫妻分配好兩個人的家事責任、孩子功課責任，之後剩下的時間就可以從事雕刻創作。

要能夠在婚姻中追夢，你必須要先搞定你的對象，讓自己的婚姻伴侶知道，無論對

方如何反對自己的夢想，你都會堅持。因為，妥協並不代表犧牲，要能夠讓自己對家庭有貢獻、負責任，並不是需要一個人在婚姻中放棄自己的堅持與夢想。

健全的婚姻，要讓自己與伴侶在婚姻中能夠過得比單身的時候更好。只要雙方知道尊重對方，兩個人就能夠妥協婚姻中所有的事情。如果伴侶不願意配合，你也依然要堅持自己想要做的事情。我知道許多婚姻中的女性，當先生反對太太回學校繼續進修，太太也是堅持要持續學習。這個時候，聰明的女性就會把自己在家庭的責任百分之百的做好，讓自己的先生知道，太太回學校進修，並沒有影響孩子的學習。很多太太在孩子白天上課的時候去上課，在孩子晚上睡覺之後挑燈夜讀，孩子的生活規律且品學兼優。

在婚姻中，要圓夢就不可以浪費時間

很多單身男女之所以不敢結婚，情願把時間花在自己的夢想，也不願意踏入婚姻，實在是太多人都把婚姻生活想得太悲情。事實上，婚姻是有很多讓人感到溫暖穩定之處，在婚姻中圓夢一點都不難。

要追求夢想，就要知道：不能浪費時間。**婚姻生活壓力重大，因此，絕對不能讓婚姻生活浪費在無用的爭吵上。**如果你的伴侶嘮叨又愛抱怨，你也只能裝聾作啞。但是，婚姻總不能不溝通。其實，面對嘮叨的伴侶訣竅就是：「選擇爭吵的戰場」。與自己理念有衝突的才爭戰，與生活瑣事有關連的，就隨對方所願。因為，婚姻生活中可自行運用的時間已經很少，**如果你的時間都浪費在吵架與生氣，怎麼還能夠有時間追求夢想？**

婚姻生活不是簡單地用兩個字「溝通」就能夠解決。因為，每個人都有自己的價值觀，因此兩個人在同樣的議題，或多或少就會有不同的觀點。只要不把兩人的差異點放在心上，你就會在生活中感到平靜，因為沒有什麼事情會讓你的生活感到糾結，這樣你才能夠有時間做你自己想要做的事，夢想也才有辦法完成。

夢想的達成，需要用「時間」、「努力」、「毅力」來累積，這是一般人對於夢想老生常談的說詞。但是，在婚姻中要能完成自己的夢想，需要加上「負責」、「耐心」、「忍耐」。如果一個人在婚姻中總是凡事要爭對錯，那就沒有心力來完成夢想，因為婚姻當中的人事物實在是太多了。在婚姻中要圓夢，只能自律地負責家中的責任，在心態中要有耐心，在圓夢的過程要忍耐。

要圓夢，就不要希望配偶按照自己的意思，因為那需要「花很多時間說服對方」。那樣的說服無論是以溝通或爭吵呈現，最後都是浪費時間，阻礙自己夢想的前進。因為，**溝通的意義，就是在兩個人的鴻溝中，疏通當中的雜質。**假設婚姻像是一條錯綜復雜的流水系統，如果每一條水溝都一定要你親自疏通，那麼你的時間肯定不夠用，這樣又如何能夠有時間追求自己的夢想。因此，一段好的婚姻，要知道如何搞定自己的伴侶，也要知道哪些事情在婚姻中可以吵，哪些事情在婚姻中不要吵。

「追求」夢想的意思，就是目前沒有達成夢想，所以才需要逐步行動去追求，以妥協換取可用的時間，以耐力戰勝婚姻責任，以忍耐表現毅力。要在婚姻中追求夢想，**就要讓自己在生活的心境上沒有枷鎖，這樣你才能按部就班地在婚姻中圓夢。**

單身男女必須選擇一個懂生活的人，才能讓你在生活中繼續實現自我理念。所謂「懂生活」並不是找一個營造生活浪漫的人，而是必須找一個在生活中實際且有原則的人，這樣才能讓自己的生活穩定。因為往下扎根才能穩定成長。

單身的男女，千萬不要誤以為「都不要結婚」，人生就會成功，夢想就會達成。要知道，結婚也能讓你的夢想延續與完成

單身的你，要知道追求自己的夢想，你不需要持續單身。你只需要找到一個人生觀與價值觀的看法與你類似的人，就可以避免兩個人的爭吵而造成生活中時間的浪費。

只要交往的對象能夠有「同理心」，能夠站在你的角度看事情，就不需要你在生活中據理力爭地浪費自己的時間。這樣你就能夠與一個懂你、愛你的人共同成長，同時又能在結婚之後的生活中，繼續追求自己人生的夢想。

23

人生道路兩人同行，不是神話，是真實，因為你／妳可以互相扶持到老

作者：彭孟嫻 Jessica Peng

彭孟嫻給你／妳的愛情觀點：

要知道婚姻要有勝算，伴侶需要你一路穩健地陪伴，對於路上的小車禍（第三者攪局），就算撞車，如果不嚴重，只需要把車子維修（婚姻修復），就可以重新上路。

要明白婚姻要有保障，看到障礙物就一定要繞道而行，對於路上的小圈套（第三者設局），就算拋錨，如果還在乎，只要把車子維修（婚姻協商），就可以避免頭破血流。

在婚姻中的聰明人要知道，就算婚姻撞車，只要請來拖車（自信），拖走障礙物（第三者），就算障礙物擋路，你也會因為你的自信，做到視而不見。這樣那些障礙物很快就被當成垃圾丟棄。

在婚姻中要能夠持續同行扶持到老，最重要的就是要創造兩個人「共同」的美好記憶，並且為兩個人的日子「預留壞日子的空間」。

婚姻要能夠走得長久，就要知道日子並不是每天風花雪月的浪漫，因此在生活中一定要創造兩個人的美好記憶，讓雙方感受到結婚的日子過得比單身日子更好。

「共同」美好的回憶很重要，因為回憶有好有壞。如果婚姻中的回憶都是傷痛，那麼充滿揪心的回憶，反而是婚姻中的敗筆。相同的，**如果好的回憶只發生在自己的身上，可是兩個人的生活卻是千瘡百孔，那麼你就算有數不完的個人美好回憶，也無法讓你的婚姻幸福，因為你忘記婚姻中，除了你，還有對方。**

所以，**要能夠在婚姻中同行而不礙腳，就一定要在兩個人的生活步伐中，預留摔跤的壞日子，**因為當兩個人都認知婚姻的小日子本來就會有磕磕絆絆，那樣就不會在兩個人有爭執的時刻怨天尤人，這樣日子才能走得長久。

婚姻生活本來就有苦有樂。在生活中「預留壞日子的位子」並不是意味著生活就要隨時未雨綢繆，要替壞日子預留位子，只是要讓自己知道生活並不是每日都是好日子。如果每天都是好日子，人怎麼有辦法分辨日子的好壞？

要能夠在婚姻的道路互相扶持到老，就一定要對於壞日子，有處變不驚的鎮定，要知道焦躁不安就會讓生活的步調脫序。所謂一步一腳印，就是可以反映在婚姻生活中的踏實，只要把今天過得好，就等於創造好記憶，把壞日子解決。

同一個問題，在一個婚姻中認為是問題，放在另一個婚姻中，可能就不是個問題

婚姻有很多問題都是揣摩出來的。很多婚姻問題沒有你想的那麼糟。因為在一個婚姻中，當事人所認為的問題，放在另一個婚姻，就可能不是個問題。

婚姻中兩個人同行，不是神話，但是，你必須要有智慧做危機處理。如果遇到興風

作浪愛惹事的人，就必須冷靜地觀察興風作浪的處事者，這樣才能夠穩紮穩打的一邊前進，一邊在前進的路上刻劃記憶。

婚姻的日子，只能不斷地往前走，對於過往的日子，必須做到既往不咎。無論是婚前的前任，還是婚姻的爭執，都一定要拋諸腦後。有很多婚姻走不下去的夫妻，就是喜歡翻舊帳。夫妻在爭執的當下，內心其實清楚翻舊帳的行為對感情的傷害。但是在爭執中，仍然為了自己能夠在爭吵議題中占上風，而不惜傷害對方的自尊，不斷地以最狠毒的字眼，加上過往的事件，狠狠地攻擊對方，這樣的行為，就是等同於在兩人的道路中增加坑坑疤疤的凹洞，那樣兩人行走在崎嶇的路，怎麼會順暢呢？

有些夫妻對於前任送的物品，強迫伴侶丟棄。其實，前任送的東西只是物品，雙方把前任送的禮物留下，並不會讓兩個人的感情生變。如果在婚姻中對方真的想變心，就算逼迫配偶丟棄前任所送的禮物，想變心的那一方，也會投入婚外情。因此，人在婚姻中又何必苦苦糾結於伴侶的過去。

要兩人攜手在婚姻的道路同行，就要有互相欣賞的感情

要能夠在人生的道路同行，需要欣賞對方的優點，避免抱怨對方的缺點。很多夫妻在結婚之後，抱怨配偶的「缺點」，其實那些所謂的缺點，都是自己在結婚前欣賞對方的「優點」。為什麼，一樣的事情在結婚前，是優點。但是，在結婚後，就變成缺點呢？

這種現象就是結婚前的談戀愛階段，看到對方與自己的「差異點」，就有種中邪式的迷戀。因為，人都會欣賞與自己不同的部分。原因就是：「自己沒有」。但是，進入結婚生活之後，當初欣賞對方的「差異點」就變成了扎眼的沙粒。伴侶與你不同的部分，就會如針扎般，刺痛自己的眼睛，迷失了自己看見前方道路的方向。

婚姻要走得長久，就要像開慢車一樣，冷靜穩健地前行，要知道在婚姻道路行進中的車輛，並不是所有的車輛都會出車禍，很多人在婚姻道路上，如果是安全駕駛，知道什麼樣的危險需要躲避，就不會有肇事，這樣兩人共同前行，根本不是神話，是事實。

千萬不要讓無關緊要的人，在你的婚姻道路，阻擾了你前進的路。就算你的婚姻前進之路，有刻意破壞，無論是公婆問題、岳父母問題、第三者問題，都不需要你自亂分寸。因為，當你前行的當下遇到危險，你越是需要冷靜。

婚姻要有勝算，伴侶需要你一路穩健的陪伴，對於路上的小車禍（第三者攪局），就算撞車，如果不嚴重，只需要把車子維修（婚姻修復），就可以重新上路。

婚姻要有保障，看到障礙物就一定要繞道而行，對於路上的小坑洞（第三者設局），就算拋錨，如果還在乎，只要把車子維修（婚姻協商），就可以避免頭破血流。

在婚姻中的聰明人都知道，就算婚姻撞車，只要請來拖車（自信）拖走障礙物（第三者），就算障礙物擋路，你也會因為你的自信，做到視而不見。這樣那些障礙物很快就被當成垃圾丟棄。

婚姻中要能持久，一定要知道前方道路一定有危險，只要默默地穩健行走，就能夠用耐心等待時機把破壞者打倒。

兩人互相扶持到老，不可以有「被害者」或「受害者」的心態，因為兩人一起前進到老不單是一種狀態，也是一種心態。

婚姻中兩個人前進，不是挑戰，只要有耐心做危機處理，不可以有「不在乎」或「怕摔跤」的心理，因為兩個人一起同行到老，不單是一種快樂，也是一種考驗。

不要預設問題，因為在一個婚姻中當事人所認為的問題，放在另一個婚姻中，可能就不是個問題。婚姻能夠走得長久，就不要在兩人行走的道路中，目不轉睛的注意路面上的小石頭。要知道行走的道路當中的小石頭，根本不是重點，只要在前行的道路中遇到大石頭，再來處理就可以了。

24

允許自己在婚姻中依附伴侶；也讓伴侶在婚姻中依附你／妳

作者：彭孟嫻 Jessica Peng

彭孟嫻給你／妳的愛情觀點：

在婚姻中，依附必須建立在自己是「完整」的個體，再互相依附。而不是讓不完整的個人，尋找另一半來填補自己。

在婚姻中，依附必須體現在自己是「觀點」的互依，再生活依附。而不是讓不健全的占有，期望另一半來滿足生活。

要在婚姻中依附對方，必須把對方放在心中的第一位，因為，婚姻中綁住對方的心是一條「隱形的牽掛」，就是婚姻中的關愛，也就是夫妻精神與生活的互依連結。

「依附」這兩個字，在婚姻中是正面的意義，不是負面的意義。如果婚姻沒有互相依附的特質，那麼婚姻與單身又有什麼兩樣？

在婚姻中，依附必須建立在自己是「完整」的個體，之後再互相依附。而不是自己是不完整個體，而要尋找另一半來填補自己。在婚姻中依附對方，必須能夠讓自己把心中最深處的感受講給對方聽。但是，這樣的前提是，你必須有一個願意聆聽你與支持你的婚姻配偶。

有的婚姻雙方，實在不像個隊友，反而像是其他隊伍派來的間諜，處處在生活中跟你唱反調。這樣的衝突狀況，婚姻自然無法互信。舉例而言，如果你在工作中受委屈，回家告訴對方，對方反而以批評代替安慰，那麼這樣的伴侶，你也無法做到在心靈依附對方。

生活中本來就有很多的事情必須解決，「互相依附」能夠活得更有效率，因為本來是一個人需要完成的事情，變成有兩個人一起分攤。就以生活瑣事而言，好的伴侶會做到兩人家事分攤，這樣就會比單身時一個人需要做全部的事情來得輕鬆。除此之外，配偶需要在生活中「共同」做到責任分配。否則婚姻會變成自己必須解決所有的問題，那麼你的生活就只會被雜物纏身，完全沒有機會提升人際關係、生活理念、生命使命。除此之外，你的心智思想也會被過多的雜物責任磨損得無法平靜。

如果在結婚前，交往一個凡事都必須要你隱忍，或者凡事都需要你為自己極力爭取想做的事情，那麼你絕對無法在結婚後依附那樣的人。因為，那樣的自私對象，並不會在生活或人生中與你分享真正的他。

婚姻中的「人際關係依附」要相當小心。如果是婚姻關係穩定的夫妻，兩個人的朋友圈完全交疊，是很好的透明交友方式，因為那就代表夫妻真的做到互依。但是，如果夫妻兩個人對於生活「價值觀」的差異極大，那麼夫妻最好「不要交疊」朋友圈。因為，我看過太多離婚的夫妻，在分手之後，權力較少的一方，在離婚後，雙方共有的朋友，走了一大票。

婚姻有各自的朋友，其實並不會影響婚姻品質，也不會有第三者的問題。因為，很多婚姻中第三者的問題，並不是來自婚姻個人的各自朋友，有很多第三者的出現反而是來自雙方共同的朋友。結論就是：「在婚姻中會變心的人，就會變心；不會變心的人，就不會變心」。

在婚姻中的依附，並不是意味著一個人不能有自己的「獨自朋友圈」，因為婚姻的依附，除了有生活的依附，也有精神的依附。但是，精神的依附，並不代表占有對方與控管對方。婚姻的「純友誼」是可以存在，如果雙方的「成熟度」與「自制力」都夠。看看各自發展自己事業的夫妻，職場難道沒有異性的存在？因此，要知道婚姻中的依附，必須以信任配偶為基礎，占有與控管只會適得其反。

要注意的是，除了有兩人共有的人際關係之外，當自己擴展自己的人際關係時，必須要知道「人際關係底線」，不要越界，把個人的人際關係，變成婚姻中的危機。也就是說，當自己在人際關係的經營中，與異性的相處，一定要避免肢體接觸，以免婚姻受到考驗，這樣就不會影響到夫妻的依存特質。

要在婚姻中依附對方，必須凡事為對方著想。我在婚姻調解庭中，看到太多離婚的夫妻，無論是言語表達、表情眼神，都是很明顯地擺出一副「看不起」對方的一切。婚姻要能夠經營完善，就像經營公司，**你必須先喜歡自己所擁有的產品，之後才能創造出附加價值。要依附對方，除了要欣賞、喜歡伴侶，還必須要有享受與對方在一起的相處方式。**

「愛慕」是愛情與婚姻經營中的重要相處元素，因為「互相」愛慕，就能夠「享受」與對方在一起的感受，才是好的生活品質，也才有辦法在相處的過程產生想要互相依存的心靈感受。這樣的生活品質不同於生活品味。因為，有生活品味的人並不代表能夠與伴侶產生好的生活品質。因為在婚姻中要有好的生活品質，必須是兩個互相喜歡的人，能夠有少吵架，多欣賞，這樣才能在生活中有真正的品質。唯有婚姻有好的生活品質，才能產生互相互依的特質，因為互相依賴是必須體現在生活之中。

婚姻中依附伴侶，並不是代表凡事都要伴侶替你做。依附對方有時候只是精神上的依靠，因為人生中大部分的事情，必須靠自己完成，因此我也特別強調，依附必須是完整的自己，才能依賴對方。在生命使命的追求中，人只能靠自己完成。**如果一段婚姻，**

凡事都需要伴侶承擔你所有的情緒，如果伴侶是一個事業非常忙碌的人，一定會覺得你是一個累贅。

值得你依附的對象，會在你努力實踐自己夢想的同時，為你的努力而喝采，也會默默地支持你的努力。因為伴侶知道，你在努力過程中的付出與忍耐是為了心中的使命，無論這樣的使命是大是小，對方都不會看輕你。具有這樣特質的伴侶，就是你能夠依賴的對象，也是單身男女在選擇對象應該注意的對象特質。

一個人對於感情的感受，會隨著年齡的不同而改變，也會隨著經歷的不同而改變。但是，**一個在生活中關心對方的伴侶，不會因為自己際遇的改變而更改。**好的婚姻，不會在自己際遇的轉折點上，對伴侶忽冷忽熱。

要能夠在婚姻中互相依靠，就不能被自己際遇順遂與否所影響。要在自己際遇的高點與低點，都能夠珍惜對方，這樣就能夠在自己的身心靈依賴對方，也才能讓對方的身心靈依賴你。這樣的感情互依，婚姻如此，愛情也如此！

25

好的婚姻可以讓你／妳與憂鬱、躁鬱、抑鬱絕緣，因為好的婚姻是生活與心靈抒發的窗口

作者：彭孟嫻 Jessica Peng

彭孟嫻給你／妳的愛情觀點：

婚姻「幸福感」的感受，每個人不同，因為幸福感的深淺，與自己的心靈呼應有關。

一個人在婚姻中所感受到的幸福，也許是另一個婚姻中的不幸福。

婚姻「滿意度」的期望，每個人不同，因為滿意度的呈現，與自己的「生活意識」有關。一個人在婚姻中所感受到的滿意，必須是自己在婚姻裡所想要的樣子。

不要認為別人的婚姻比自己的婚姻好，因為，你在婚姻中所認為的幸福，可能是另一個人在婚姻中所認為的不幸福。只要你在婚姻中「活出你心中想要的樣子」，那麼，你的婚姻就是幸福，也就不會在婚姻中感到憂鬱、躁鬱、抑鬱。

在婚姻調解庭中，非常多的結婚夫妻在陳述婚姻問題的過程中，表現得相當生氣與憤怒，無論是從表達的語調、內容、表情，我其實都可以感受到當事人所受的苦。

但是，**並不是所有的婚姻都不幸福！**

就如同我常常在我寫的文章提到的，**每一對婚姻的男女主角不同，每一段婚姻當中的姻親配角也有異。因此，並不是別人的婚姻不幸福，你的婚姻就會不幸福。**

單身的男女，必須選擇一個在婚姻中支持你的人，才不會讓你憂鬱、躁鬱、抑鬱。

此篇文章不是要與讀者分享醫學上腦部構造所造成的憂鬱、躁鬱、抑鬱。在此我想以我之前在加拿大家事法庭工作的經驗與現在的婚姻調解庭工作之中，所看到關於婚姻不幸的人所面對的「妻源病」、「夫源病」其中一項的「沮喪」。因為，這些**婚姻痛苦中的一部分，單身男女可以在婚前選擇對象時以「篩選」與「淘汰」來過濾會傷害你的交往伴侶**。所以，在這本書的最後一篇文章，希望讀者知道，只要你選擇一個「懂你」的伴侶，你就能在進入婚姻後與沮喪症絕緣，因為好的婚姻是生活與心靈抒發的窗口。

婚姻中的憂鬱、躁鬱、抑鬱，在「婚姻調解庭」中可分為兩類情況

婚姻會憂鬱、躁鬱、抑鬱在離婚調解庭中所看到的案例中，大多數可分為兩種情況。

第一類情況：

在婚姻中遭到「暴力」與「冷暴力」。

這當中「暴力」包含伴侶的拳打腳踢、傷害虐待。「冷暴力」則包含對伴侶的冷淡、言語諷刺。

這些暴力與冷暴力，會影響一個人的身、心、靈健康，會讓你的感受完全垮臺，更會直接影響你對「幸福感」的感受。除此之外，暴力與冷暴力，也會扼殺受害者的自信心。最讓人心寒的是，這些案件之中的暴力與冷暴力傷害之中，還加上：下毒、殺害。

如果在婚姻中遇到有「暴力」傾向的伴侶，你第一件事情是：「趕快逃」！這一類的暴力傾向者，很多在結婚前的行為已可以略為發現，例如：在結婚前的交往相處中，

推撞伴侶、虐待動物等。但是，暴力的婚姻伴侶，有一些在結婚前隱藏得很好。因此，很多婚後受害的男女，在結婚後才開始受到暴力傾向伴侶的折磨，對於這一類暴力傾向者，單身男女也不用因此而害怕，只要在交往的當下發現，就立即分手。

如果在結婚後，才發現自己結婚的配偶具有暴力傾向，你還有一個選擇的選項，就是「離婚」！

只要你在婚姻中遇到任何的暴力，你就應該離婚，之後，你依然可以有再次選擇戀愛或婚姻的機會。

單身男女要知道對於暴力傾向的交往對象，是不可能用耐心與愛心來感動對方。一個具有暴力傾向的交往伴侶，更不會在結婚之後讓你感到婚姻會有好的心靈窗口，這類有暴力傾向的伴侶，只會在婚姻中把你的心靈門窗全部堵死，有的甚至會瘋狂暴力，導致伴侶致死。

第二類情況：

有部分在婚姻中過得不錯的人，卻感到不幸福。憂鬱、躁鬱、抑鬱填滿了心中的感受。婚姻調解庭中，最常見的就是「個人過度期望」、「姻親配角干涉」以及「個人願景遺憾」。以下我把第二類型當中的三個因素，以婚姻調解庭中的觀察加以剖析。

❶選擇一個開朗、豁達、正面思考的對象，避免自己對婚姻過度期望，就能減低婚姻憂鬱、躁鬱、抑鬱。

會在婚姻中過度期望的人，通常在結婚前就已經是那樣的個性。在離婚調解庭中，很多離婚當事人表示，自己的婚姻伴侶總是抱怨自己的生活，羨慕別人有的物質與工作，嫉妒別人婚姻中的生活。

其實，婚姻的好壞只有自己知道，沒有人能夠知道別人平日生活的真實情況，你認為別人生活的好，也許對方覺得不好；相對的，你認為別人生活的不好，也許對方覺得很好。

結婚前個人的「個性特色」與「心靈感受」會延伸至結婚，也會影響生活的清晰度與洞察力。一個在結婚前容易憤世嫉俗的人，在結婚後也會憤世嫉俗。一個在結婚前看輕伴侶原生家庭的人，在結婚後也會看輕對方的家人。一個在結婚前就容易嫉妒羨慕別人的人，在結婚後也會嫉妒羨慕別人。

那麼，為什麼在婚姻中的男女主角，在結婚前沒有發現這些問題呢？其實，大多數的人都有發現問題，只不過在結婚前的戀愛時期，都沒有覺得那些問題是個問題。

單身男女在選擇結婚對象，一定要選擇一位正向思考的人，在生活中要有豁達的人生觀並且在思想中有正能量。

一個人要杜絕憂鬱、躁鬱、抑鬱，不可以仰賴對方，必須「自救」。

自救就是自己要做到對生活不可自我要求太高，因為婚姻中跟情緒有關的憂鬱、躁鬱、抑鬱，都需要用「看開」的豁達來面對生活，就可以在生活中快樂。在這個世界，沒有什麼是「絕對」，你只要看得開，凡事一定都可以有撥雲見日的一刻。就算結果不是你想像的好，你也可以在不好中，發現當中的真諦。

當你的身心靈都相當完善。這時，你進入婚姻後，就能在婚姻中「自我獨立」，這樣，你就會發現在婚姻裡，無論發生什麼事情，你都能找到婚姻生活抒發的窗口，你的「婚姻生活」也就不會憂鬱、躁鬱、抑鬱。

❷要有智慧拒絕婚姻以外的配角干涉，才不會活在隱忍之中，也才能避免婚姻中的憂鬱、躁鬱、抑鬱。

很多人在結婚前，本來是一個很有鬥志的人，但是，在結婚之後就變得意興闌珊，對於事情完全提不起任何熱情，這樣的原因很多都是因為婚姻中的「限制與干涉」。

婚姻中的限制與干涉，有些是從自己的配偶而來，有些是因為婚姻責任，但是，有一部分的婚姻限制與干涉是因為婚姻中的配角（公婆、岳父與丈母娘、親友團）。在婚姻調解庭中，婚姻配角常常是婚姻和諧的破壞大王，這些婚姻配角，很多會介入夫妻兩人的生活決策，灌入諸多的限制與干涉。因此，在婚姻中如果不知道適當地對婚姻配角表達自己的不滿，就會讓自己的生活混亂，人在婚姻中也就會變得憂鬱、躁鬱、抑鬱。

因此，對待長輩，自己要分清楚什麼是孝順，什麼是愚孝。很多時候夫妻生活本可以有的平靜，會因為婚姻配角拿著長竿攪和，讓婚姻中的平靜湖水頓時就引起巨大漩渦。這樣的婚姻生活品質，會隨著結婚的年數增多，而演變為憂鬱、躁鬱、抑鬱。

由此可知，婚姻當中的「人物結構」會造成婚姻生活品質不同。要在婚姻中能夠與沮喪絕緣，你就一定不能讓任何人限制你。要有智慧拒絕婚姻配角的干涉，你才能夠在婚姻中，不會活在隱忍之中，這樣就不會在婚姻中憂鬱、躁鬱、抑鬱。

❸要避免婚姻中的「個人遺憾」，才能避免在婚姻憂鬱、躁鬱、抑鬱。

很多人在婚姻中感到生活有缺失、有遺憾。其實生活有遺憾是很正常的，難道單身男女的生活沒有缺失、沒有遺憾？

其實，人只要活在這個世界，就一定會有遺憾，因為「遺憾」與單身或結婚沒有關聯，與生活磨練和人生經歷有關聯。

因此，人在生活中就不要害怕遺憾！

所以在婚姻中的遺憾是可以用別的方法填補的，只是填補的方法可能不是你心中的第一選擇，而是你生活中的第二選擇。

其實，生活的第二選擇在短期中，你可能覺得有遺憾，但是，只要假以時日，你會發現生活中的第二選擇，有時候比生活中的第一選擇適合你。因為，第一選擇之所以在過往的當下沒有被你選擇，也就是意味著在過往的當下不適合你，或者當時你還沒有準備好。

在婚姻中的遺憾其實是可以找出原因，**很多時候一個人會在婚姻裡感到遺憾，就是因為自己在婚姻中的時間與空間，限制自己的發展。其實，這樣的問題與「婚姻體制」無關，而是與你所選的「結婚對象」有關。**如果你的伴侶是一個在生活中總是給你框框條條的限制，那麼你就算再有才華與理想，你也無法伸展。

婚姻是一個密閉空間，沒有逃生門，面對遺憾，你必須試著在既有的窗口尋找呼吸

的空氣，你很難棄屋逃生，除非你全盤都不要。但是，不要忘記婚姻中的密閉空間，還能自己開發出很多窗口。

在婚姻中，要能夠有好的生活抒發窗口，要做到的不單是需要找到一個能夠扶持你在婚姻的封閉空間中創造窗口的伴侶，你還需要做的是在婚姻中「自創窗口」。換句話說，自己要能夠有堅強的心靈，才能找到心靈層面強大的伴侶，在生活中你必須自己為自己解憂，這樣你才能讓你的伴侶能夠不會認為你的理想，會影響兩人家庭的安定。

婚姻，必須兩個人都「成就自己」，這樣就可以避免婚姻當中的一方憂鬱、躁鬱、抑鬱

婚姻經營之所以觸礁，主要就是在結婚後，只聚焦於自己，忘記婚姻除了自己，還有對方。

部分婚姻在「自我成就」追求過程中，遇到瓶頸，是因為婚姻夫妻雙方，只有一方在婚姻裡能夠為自己打拚，另一方則必須撐起家裡的責任。這樣的情形，如果在外打拚的一方，能夠對自己的伴侶表示感激與讚美，那麼這樣的婚姻就能讓奉獻的那一方有抒發的窗口，因為奉獻者知道自己的犧牲，在對方的心中是有分量的。但是，如果自己的犧牲，換來的是伴侶成功時的冷嘲熱諷，那麼犧牲者的奉獻，就完全是沒有意義了！這樣的情形就成為婚姻沮喪的因素。

婚姻的成功，必須雙方都成就自己，而不是一個人的成就，是由另一個人的犧牲換來。

健全的婚姻生活可以避免憂鬱、躁鬱、抑鬱的發生，因為自己在工作生活中所承受的壓力，有伴侶可以分享。**這是一個壓力積累的時代，如果生活中的憂鬱、躁鬱、抑鬱沒有得到緩解，部分人甚至會以自殺結束自己的生命，根據世界衛生組織估計，自殺是人類十大死因之一。**

生活是一種態度，相處是一種過程，如果遇到情緒控管極佳的人，那樣好的婚姻的生活，就可以讓你與沮喪症絕緣。如果一個人遇到情緒控管有問題的伴侶，那麼相處的過程，遇到的問題不單是自殺的問題，也將會有他殺的可能性。

好的婚姻「窗口」，必須有欣賞、依賴、讚美；不好的婚姻的「窗口」，充滿防衛、憤怒、批評。

好的婚姻窗口，可以讓你在生活中、工作中、人際關係中所受到的壓力，與你的伴侶分享。這個社會中，還是有非常多相濡以沫的夫妻，夫唱婦隨地互相配合，在我生活圈當中，就有很多為了丈夫暫時放棄自己事業的女人，也有很多為了妻子讓自己增加生活責任的男人。這些正面取向的夫妻，能夠在生活中互相照應，也能在人生中互相回應。

因為，兩個人相處的溫度，並不需要時時保持高溫，而是必須要有穩定的恆溫，這樣的夫妻，情緒穩定度極高，也不會有所謂的沮喪。

婚姻沒有想像中的可怕。人的一生，其實沒有很長，無論是選擇單身或是選擇結婚都無可厚非，因為單身或結婚，都沒有絕對的好與絕對的不好，最重要的是「追隨你心」。如果自己心中深處有「結婚的渴望」，那就千萬不要隱藏自己對婚姻歸屬的希望。因為，好的婚姻，一定是你生活與心靈最好的支持！

後言

後言

找到優質的對象結束單身，沒有那麼難！

對於多年單身男女來說，單身的日子總是凡事自己承擔。因此，單身男女在心中對自己喊話：「沒有任何肩膀依靠，就靠自己」！

通常習慣一個人生活之後，要再投入另一段感情，有時會出現愛情「可有可無」的感覺。

但是，人總有脆弱的時候，面對很多生活上的艱辛，單身男女有時候也希望，在生活中能夠有一個心靈相依的伴侶。讓生活中的成功快樂、痛苦傷心，有一個可以分享的親密對象。這樣的對象不同於朋友。因為戀愛交往的對象當中的親密與朋友的熟稔是不同的。

有部分單身男女表示，在家偶爾也會出現很想與另一個人講話的景象。對於這樣的情形，就代表單身男女雖然盡力安排自己平日的生活與社交，但是，心靈仍然會感到寂寞。因為，自我學習與社交活動，雖然讓一個人的生活看似充實，但是，在夜深人靜時，那種無人能懂的空虛就會浮上心頭。

現實是殘酷的，隨著單身生活的年數增加，不單是脫單可以選擇的對象變少，有時甚至會感到很多認識的對象，都無法配合你的生活步調。因此，只好自己告訴自己，一個人生活也是個很好的選項！

其實，這個時候，你／妳必須坦白地面對自己的感情。好好地問自己，你的人生要什麼？

如果自己真的感覺一個人過得很好，那就不要擔心脫單的問題。但是，如果自己有結婚意願，只是基於找不到合適的伴侶，那麼這本書就可以幫助你了解「如何找到最適合自己的優質伴侶」。

在人生選項中，最重要的就是要「真實」的面對自己的心境，並且在作出選擇之後，對自己所選的生活方式負責。

因為，「單身」或「結婚」，都只是人生選擇的一個「選項」而已！

忘記過往的戀情

要「找到最適合自己的優質伴侶」必須要在心中忘記過去的戀情，無論是過往戀情中的甜蜜或過往戀情中的傷害，都需要一併忘記。因為，人的情緒乘載是有限度的，當你的心中裝有過多的過去，你也就無法快速的找到極品對象。

要有新的戀情，一定不能落入過往記憶的綑綁，因為過往戀愛的失敗，並不代表你個人特質失敗；過往的戀情沒有修成正果，只是意味著兩個人的特質不適合對方。

很多單身男女，對於「前任」很難釋懷。無論是自己的前任，或者現任伴侶的前任，很多人都心有芥蒂。其實，**前任，在脫單中是最不需要考慮的因素，因為，前任就是代表過去，既然是過去，又何必在現在糾結。**一個無法把過去放手的人，就無法在現在擁有好的戀情，更無法進入未來幸福的婚姻。

想要有美好的戀情，最重要的就是全心投入「現在」的戀情，因為，唯有讓「過去的記憶」與「現在的思想」做一個切割，才能在你的心田騰出園地，培養新的戀情。

不要期望讓現任愛情，補足你過往戀情的缺失。因為，成功的戀情，就是不要複製過往的戀情。只要記得在愛情中避免找一個類似前任的對象，因為不適合的對象，不是用愛與包容就可以改變為適合的對象。要有好的戀情，就要讓過往的記憶隨風而逝。

你所需要做的，就是與「現任」共同創造屬於兩個人的「共同記憶」！

每個人對於「愛情」的感受度不同。在愛情交往的過程中是否有愛，每個人的理解度也有異。但是，有一個明確的道理就是，情人眼裡出西施，在愛人的眼中，你就是最適合的那一個。

要注意的是找對象不是隨便亂選。當你在愛情中不斷努力，但是，對方卻不當你一回事，此時，你需要的不是降低標準，而是輕輕放下，華麗轉身再找更適合自己的對象。

要從單身到結婚找到最適合自己的優質伴侶，就不要害怕改變自己的生活模式

因為，人是一種「習慣」的動物，在一種模式的生活處久了，人就會害怕改變。

我看過許多條件很好的男女，在習慣自己一個人生活之後，對於另一個人出現，就會覺得自己生活作息被對方擾亂。

除此之外，脫單的意願，其實與一個人的生活順遂與否有關。當一個人事業順利，周遭有眾多朋友，又有許多追求者，就會感覺自己的單身生活很愜意。但是，當一個人的事業與人際關係不順遂時，再加上沒有追求者出現，就會期望單身生活能夠結束。

其實，世界上所有的決定，沒有兩全其美。要脫單，就是必須接受生活的變化。變化不一定都是不好的。有很多時候，生活中產生的變化，會帶給你人生新的體驗與感動，也能提升更好的自己。

人，並不會因為「一個人」就無法過生活，也不會因為「兩個人」就能讓生活幸福美滿。如果真「想」脫單，就必須有意願與一個適合自己的極品對象共同經歷人生，而不是在愛情的路上，觀望合適對象是否能夠出現。因為，要脫單，你絕對要以行動來實踐脫單。

婚姻不是賭注，婚姻是拼圖

很多人認為結婚的不確定性好像賭注，也好像牌局。因此，常常左思右想，希望從牌局中，看出局中的「局」，好讓自己想出一些「招數」，進而讓自己在愛情的牌局中持有「勝算」。

會認為「戀愛」需要有「牌局」與「招數」的人，之後進入婚姻，通常一定是兵敗如山倒。因為，**「脫單靠的是篩選，不是設局」**。要結婚，就不可以想要在選擇對象的過程中設局，因為紙包不住火，所有的設局與偽裝，都會被時間識破。

單身戀情是婚姻的前身，如果認為戀愛必須看懂一切的愛情牌局，那真的是異想天開。**在愛情中，唯一能夠做的就是「真誠以待」，這就是意味著，在愛情中一定要把自己最「真實」的一面表現出來。**

單身戀情的交往不可以在單身階段，遇見一個對象，就立即認定對方就是合適的對象，「誤以為」單身戀情只要自己願意經營，就會修成正果。其實單身男女在愛情中有許多的選擇權，不需要侷限在不適合的對象，而誤以為戀愛需要像結婚生活一樣妥協。

要知道：在這個世界上你是特別的(Unique)。因為，每個人都有自己的特質與特色，不需要在生活中，為了交往的對象而改變自己。一個人在生活中與人生中的改變，必須是自動自發的覺醒，而不是為了討好別人而改變。好好的當自己，就可以讓自己的生活型態與生活理念自然展現，讓自己的生活自然地呈現出你真實的型態，就可以吸引與你類似的人。

人生說長不長，說短也不短，如果在人生的道路上，有一個極品伴侶「欣賞你、愛你」；「你欣賞、你愛」，那真的是何其有幸的事。**在愛情與婚姻中，「幸福」的定義就是：「與相愛的人一起活出你想要的樣子」！**

愛情的選擇有訣竅，就是在愛情的拼圖中，找出適合你的那一片，而不是取悅所有的男女。

要記住：不要怕結婚！如果要結婚，就要在心中「想」結婚！

不要擔心現在為什麼還沒有合適的極品對象，只要你想「脫單」，這個世界上就會有屬於你的「婚姻拼圖」，當中的婚姻拼圖一定會有與你契合的另一片！

祝願每個人都幸福！

By 彭孟嫻 Jessica Peng

戀愛脫單魅力學：從單身到結婚，找到最適合自己的優質伴侶

作　　者—彭孟嫻Jessica Peng
副 主 編—蔡月薰
校對協力—何怡樺
美術設計—FE設計 葉馥儀

董 事 長—趙政岷
出 版 者—時報文化出版企業股份有限公司
一〇八〇三 臺北市和平西路三段二四〇號七樓
發行專線：(〇二)二三〇六六八四二
讀者服務專線：〇八〇〇二三一七〇五．(〇二)二三〇四—七一〇三
讀者服務傳真：(〇二)二三〇四—六八五八
郵撥：一九三四四七二四時報文化出版公司
信箱：一〇八九九臺北華江橋郵局第九九信箱
時報悅讀網—www.readingtimes.com.tw
電子郵件信箱—books@readingtimes.com.tw
法律顧問—理律法律事務所 陳長文律師、李念祖律師
印　　刷—勁達印刷有限公司
初版一刷—二〇二〇年一月十七日
定　　價—新台幣三六〇元

時報文化出版公司成立於一九七五年，並於一九九九年股票上櫃公開發行，於二〇〇八年脫離中時集團非屬旺中，以「尊重智慧與創意的文化事業」為信念。

戀愛脫單魅力學：從單身到結婚，找到最適合自己的優質伴侶/ 彭孟嫻Jessica Peng作. -- 初版. -- 臺北市：時報文化, 2020.01
面；　公分
ISBN 978-957-13-8025-4(平裝)
1.兩性關係 2.戀愛 3.婚姻

544.7　　　　108018976

ISBN 978-957-13-8025-4